Editorische Notiz

Die Entstehung dieses Buches verdankt sich einer Vortragsreihe, die 2007 von den Sprachwissenschaftlerinnen und Sprachwissenschaftlern der Universität Augsburg veranstaltet wurde. Die beteiligten Professorinnen und Professoren hielten ihre Vorträge außerhalb des Campus an verschiedenen Orten in Augsburg. Sie standen somit vor der Herausforderung, Wissenschaft gerade nicht für den Elfenbeinturm zu betreiben, sondern ihre Arbeit anregend und ohne enge Hörsaalatmosphäre einer breiten Öffentlichkeit vorzustellen.

Die einzelnen Kapitel gehen auf die folgenden Vorträge zurück: »Sprache ist Übereinkunft« von Prof. Dr. Hans-Jürgen Heringer, »In Norddeutschland spricht man besseres Hochdeutsch« von Prof. Dr. Werner König (veröffentlicht 2008 in den Waseda Blättern der Waseda Universität Tokyo, die den Abdruck der neu bearbeiteten Version freundlich genehmigt), »Der Dativ ist dem Genitiv sein Tod« von Prof. Dr. Stephan Elspaß, »Erzählt wird im Präteritum« von Prof. Dr. Klaus Maiwald, »Der Mensch ist einsprachig« von Prof. Dr. Konrad Schröder, »Sprache X ist schwerer/leichter als Sprache Y« von Prof. Dr. Dr. h.c. Reinhold Werner, »Die Rechtschreibung im Englischen ist das reine Chaos« von Prof. Dr. Dieter Götz, »Die Eskimos haben zweihundert Wörter für ›Schnee‹« von Prof. Dr. Wolfram Bublitz, »Was nicht klar ist, ist nicht Französisch« von Prof. Dr. Sabine Schwarze sowie »Sprachenmix führt zu Sprachverfall« von Prof. Dr. Christiane Fäcke.

Wir danken allen beteiligten Wissenschaftlerinnen und Wissenschaftlern für ihre Beiträge sowie unseren Kooperationspartnern an den Augsburger Schulen, ohne die die Vortragsreihe nicht hätte verwirklicht werden können. Unser besonderer Dank gilt dem aufgeschlossenen und diskussionsfreudigen Augsburger Publikum vom Fünftklässler bis zum Rentner, das die Veranstaltung zu einem großen Erfolg gemacht hat.

Holzwege

Was unter Sprache zu verstehen ist, scheint uns im Allgemeinen ziemlich klar zu sein. Schließlich haben wir alle als Kinder das Sprechen, das Lesen und das Schreiben gelernt. Ständig verwenden wir Sprache, sei es im beruflichen und privaten Gespräch, sei es in Schriftform beim Lesen der Zeitung oder beim Verfassen von Briefen, E-Mails, Kurznachrichten und Einkaufszetteln. Und zumeist funktioniert das auch recht gut. Schon die Tatsache, dass dieses Buch – ein sprachliches Produkt – geschrieben werden konnte und gelesen werden kann, zeigt doch, dass alle Sprachverwender etwas von Sprache verstehen müssen. Worin also sollen die Irrtümer, die im Titel dieses Buches angekündigt werden, bestehen, und wie kommen sie zustande?

Obwohl es so selbstverständlich und alltäglich scheint, entpuppt sich das Phänomen Sprache bei genauerer Betrachtung schnell als eine äußerst komplexe Angelegenheit, die aus wissenschaftlicher Sicht gar nicht einfach zu erfassen ist: Beschreibt man Sprache am besten als eine Erscheinung der Natur, die genetisch im Menschen angelegt ist, oder stellt sie ein kulturelles Phänomen dar? Ist die Sprache ein Werkzeug, mit dem man sich anderen verständlich macht – ähnlich, wie man einen Hammer verwendet, um einen Nagel in die Wand zu schlagen? Oder ist sie ein System von Lauten, Wörtern und Satzgliedern, die nach bestimmten Regeln verknüpft werden – ist Sprache also nur Grammatik? Kann man die Sprachen der Gegenwart überhaupt ohne ihre Geschichte beschreiben? Verfallen Sprachen, wenn sie nicht reguliert werden? Oder sind manche Sprachen besser, schöner oder leichter als andere?

In der Sprachwissenschaft ist man sich schon über solch grundlegende Fragen nicht einig, und es liegt auf der Hand, dass ein so vielschichtiges Phänomen wie die Sprache populäre Irrtümer hervorbringt. Doch einem Irrtum nachzugehen bedeutet nicht nur, nicht zu irren: Wer sich nämlich auf den einen oder anderen Holzweg begibt, erfährt nicht nur viel über die Sprache selbst, sondern auch darüber, wie wir Sprache sehen und mit ihr umgehen.

In diesem Buch begeben sich Experten unterschiedlicher Sprachen auf die Spur einiger ganz gewöhnlicher und entsprechend weitverbreiteter Irrtümer. Sie erläutern und erklären die zugrunde liegenden Vorstellungen, die oft nicht ganz falsch, aber immer verkürzend sind. Denn bisweilen haben Sprachirrtümer gute Gründe: Manchmal bieten sie Orientierung und Regeln dort, wo es unübersichtlich wird, manchmal transportieren sie politische und gesellschaftliche Ideologien, und manchmal helfen sie dabei, etwas nicht Anschauliches anschaulicher zu machen.

So können wir uns beispielsweise kaum vorstellen, wie die Sprache entstanden ist. Der langwierige, ungesteuerte Prozess ihrer Evolution ist schwer nachvollziehbar. Leichter nachvollziehen lässt sich dagegen die These, die Menschen hätten sich darauf geeinigt, für bestimmte Dinge bestimmte Wörter zu benutzen – entsprechend der Annahme, Sprache beruhe auf Übereinkunft. Dass dies schwerlich der Fall sein kann, wird gleich zu Beginn des Buches deutlich.

Vom Bedürfnis nach Orientierung und Regeln werden weitere gängige Allgemeinplätze über Sprache geleitet, zum Beispiel Allgemeinplätze über das Deutsche: Aber sprechen die Norddeutschen tatsächlich ein besseres Hochdeutsch als die Süddeutschen, Ostdeutschen oder Westdeutschen? Sicher nicht. Und dass der Dativ dem Genitiv sein Tod ist, braucht nach der Lektüre dieses Buches auch niemand mehr zu befürchten. Oder man erinnere sich an die Regel »Erzählt wird im Präteritum!«: Sie ist zwar anschaulich und eingängig und soll Schülern das Verfassen von Erlebnisaufsätzen erleichtern, aber sie geht leider an der Wirklichkeit vorbei. In der Gegenwartsliteratur wird die Vorgabe ohnehin nicht befolgt, und sollte man sie einhalten, so führt das nicht unbedingt zu spannenderen Schüleraufsätzen.

Andere Irrtümer wiederum sind klar politisch motiviert. Man hat in der Geschichte häufig versucht, aus Gründen der Staatsraison Menschen auf nur eine einzige Sprache festzulegen, also gewissermaßen Einsprachigkeit zu züchten, um über eine gemeinsame Sprache eine gemeinsame nationale Identität zu erzwingen. Aber kein Mensch ist einsprachig.

Die Wahl der Sprache ist jedoch nicht nur eine gesellschaftspolitische, sondern auch eine persönliche Entscheidung: Soll unser Kind nun in der Schule das angeblich »leichte« Englisch oder das »schwerere« Französisch als Fremdsprache wählen? Der Chinesischkurs an der Volkshochschule fällt schwerer als der Italienischkurs, das scheint klar zu sein. Unklar ist aus wissenschaftlicher Sicht betrachtet hingegen, auf welcher Basis man überhaupt vergleichen kann, ob eine Sprache schwerer oder leichter ist als eine andere. Vielleicht erweist sich Englisch dann doch in mancher Hinsicht als schwerer, als man denkt?

Wieder andere Irrtümer gehen mit kulturellen Klischees und Stereotypen einher. Solche Irrtümer passen sich in ideologisch belastete Weltbilder ein. In ihnen spiegelt sich das, was wir über uns und andere denken und wie wir von anderen wahrgenommen werden wollen. Dass die Eskimos 200 (oder mehr) Wörter für Schnee hätten, ist ebenso ein Klischee wie der Unsinn, nur die französische Sprache könne die Klarheit der Gedanken wiedergeben. Im Hintergrund solcher Behauptungen steht zumeist die diffuse Gefühlslage der jeweiligen Sprachverwender und -politiker: Angst vor dem Fremden, Angst vor der Veränderung, Angst vor dem Verfall und Angst vor dem Verlust.

Mit der beruhigenden Botschaft, dass diese Ängste unbegründet sind, schließt dieses Buch. Sicher enthält es selbst Irrtümer, auch wenn es zu ihrer Verbreitung nicht beitragen will. »Sobald man spricht, beginnt man schon zu irren« (so Goethe) – beziehungsweise »Wer nicht mehr liebt und nicht mehr irrt, der lasse sich begraben« (ebenso Goethe).

Sprache ist Übereinkunft

Der erste Irrtum, um den es gehen soll, betrifft den Ursprung der Sprache. Die folgende Untersuchung wird natürlich recht spekulativ sein, weil wir so weit nicht zurückschauen können, keine Daten haben. Dennoch gibt es eine Antwort auf die Frage nach der Entstehung. Die Antwort ist alt, aber sie lebt, schon Platon hat sie gegeben: Die Sprache ist entstanden durch Übereinkunft – das glauben und sagen viele. Doch die Annahme, dass irgendwann einmal die Sprache als Ganzes eingeführt wurde, vielleicht über eine Art Sozialvertrag, läuft in eine logische Sackgasse. Zur These von der Übereinkunft hat der amerikanische Philosoph Willard Van Orman Quine eine nette Episode erzählt: Als Kind habe er sich die Übereinkunft so vorgestellt, dass – wie auf einem Rembrandt-Gemälde – die weisen Ratsherrn mit weißen Stehkragen zusammengesessen und die einschlägige Übereinkunft geschlossen hätten. Aber da schon damals ein großer Logiker in Quine schlummerte, habe er sich gefragt, welche Sprache die Weisen bei der Übereinkunft zur Sprache wohl gesprochen hätten. So also geht es logisch nicht! Einleuchtender ist da schon die Idee aus dem 18. Jahrhundert, gegen den göttlichen Ursprung die evolutionäre Entstehung der Sprache zu proklamieren. So mögen am Anfang eher Symptome gestanden haben, die langsam zu Symbolen wurden. Das kann man an einer kleinen, phantasierten Geschichte exemplifizieren.

Versetzen wir uns zurück in die Zeit unserer Urahnen: Affenmenschen ohne Sprache. Sie konnten schon viel, etwa wie andere Tiere, zum Beispiel Elstern, Schreckensschreie ausstoßen, auf die hin die anderen flohen. Die Mitglieder der Sippe saßen am Feuer. Feuer hatten sie schon entdeckt, Sprache noch nicht. Sie hatten einen Hasen erlegt, den sie grade brieten. Das ist nicht viel. Da gewahrte einer unserer Vorfahren einen Tiger im Anschlich und stieß einen Schreckensschrei aus. Die Sippe zerstob in Flucht. In diesem Moment erkannte dieser Vorfahre, dass er sich getäuscht hatte. Aber: Da nun alle weg waren, hatte er den Hasen für sich allein. Das gefiel ihm. Bei der nächsten Beute erinnerte er sich. Er stieß den Schrei mit Absicht aus, mit der Absicht, die anderen aus dem und somit hinter das Licht zu führen. Und siehe da, es funktionierte. So glaubte er, einen neuen Trick gefunden zu haben. Aber die anderen rochen den Braten. Und als unser Vorfahre es zum dritten Mal versuchte, blieben sie einfach sitzen. Man könnte vielleicht denken, dass es so weitergeht: Beim nächsten Mal wurden alle außer dem Schreier vom Tiger gefressen. Aber so geht die Geschichte nicht weiter; weil nämlich unser Vorfahre erkannte, dass der Schrei nicht mehr zu missbrauchen war. Also schrie er nur noch dann, wenn die anderen den Tiger sehen konnten. So war der Schrei vom Symptom zum Symbol geworden, das er verwendete, um die anderen zu warnen. Und die anderen wussten, dass er das tat. Und er wusste, dass sie das wussten. Das ist menschliche Kommunikation! Neue Möglichkeiten werden entdeckt, nicht erfunden.

Die Sprache entsteht also ohne eine Übereinkunft im Sinne eines *contrat social*, und sie wird dauerhaft ohne eine solche Übereinkunft verwendet. Und darin besteht das eigentliche Wunder der Sprachen, dass sie beständig sind *ohne* eine solche Übereinkunft. Doch wie ist es möglich, dass sich über lange, lange Zeit eine Sprache als Tradition hält und es dabei eine kontinuierliche Entwicklung gibt? Wie kann über die räumlichen Differenzen, über die große Menge von Sprechern und die immense Menge von sprachlichen Handlungen hinweg so etwas wie Uniformität entstehen?

Dass das keine Selbstverständlichkeit ist, kann man sich mit ein paar Zahlen leicht vor Augen führen. Die Größe der deutschen Sprache übersteigt nämlich unsere Vorstellungskraft. Nehmen wir einmal an, das Deutsche werde etwa seit dem Jahr 700 n.Chr. gesprochen und es habe über all die Jahre durchschnittlich 8 Millionen Sprecher gegeben. Jeder Sprecher könnte pro Tag 2000 Wörter geäußert haben. Dann enthält D (die deutsche Sprache) eine kaum beherrschbare Zahl von Wortäußerungen:

$$|D| = 2 \times 8 \times 365 \times 13 \times 10^{13} \approx 10^{16}$$

Selbst wenn man annimmt, Deutsch in der heutigen Form gebe es erst seit 500 Jahren, enthielte das entsprechende D noch 10^{13} Wortäußerungen (bei durchschnittlich 10 Millionen Sprechern). Diese Zahlen belegen, dass empirische Aussagen über D schwierig sind – es sind einfach viel zu viele Daten, mit denen man es zu tun hat. Doch vor allem erstaunt, dass so etwas wie Kontinuität in der Sprache möglich ist, obwohl doch niemand da ist, der in der Lage wäre, die Sprache zu lenken.

Die Entstehung von Konventionen

Überzeugender als mit einer vertraglichen Übereinkunft lässt sich die Kontinuität von Sprache mit dem Begriff der ›Konvention‹ erklären. Wie Konventionen zustande kommen, kann man sich am Beispiel der Entstehung des Geldes klarmachen. Grundlage des Tauschhandels ist, dass ein Individuum A ein X besitzt und dieses X nicht braucht. Es tauscht es gegen ein Y, das es braucht. Sein Partner B hat hingegen Y und braucht X. Unter dieser Voraussetzung werden beide mit einem Tausch zufrieden sein. Stellt man sich eine Gesellschaft mit Tauschhandel vor, so wird derjenige öfter in einer schlechten Situation sein, der mehrere Xe besitzt, die nicht so gefragt sind, dafür aber ein gefragtes Y haben möchte. Für ihn wird es nun schon interessant sein, wenn er nicht ein Y eintauscht, sondern ein Z, das er zwar nicht braucht, das ihn aber dem Y näherbringt, insofern es leichter gegen Y eintauschbar ist als sein X. Wer so verfährt, wird auf lange Sicht wirtschaftlich erfolgreicher sein. Und die andern werden es merken und ihm gleichtun. Die Zs sind nun offenbar keine reinen Tauschgegenstände mehr, sondern Werte, bestimmt durch ihre Rolle im Tauschspiel. Bedenkt man nun noch, dass in der Praxis des Spiels die Erfahrung bald lehren wird, dass die Zs möglichst haltbar, gut teilbar, leicht transportierbar und gut absetzbar sein sollten, so sieht man sie zu Geld werden.

Das Geld ist also entstanden, ohne dass es erfunden oder absichtlich geschaffen wurde und ohne dass es naturgegeben war. Die beteiligten Individuen hatten nicht die Erfindung des Geldes im Sinn: Sie haben nur Tauschhandel betrieben und sind dabei auf bessere Strategien gekommen. Indem sie so handelten, ergab sich aber, dass bestimmte Waren zu Geld wurden und dass der gesamte Charakter des Handels sich änderte. So können wir uns auch die Entstehung von Kommunikation vorstellen: Das wesentliche Prinzip ist Koordination. Und am Anfang der Koordination steht Präzedenz, also ein einmaliges Ereignis, das zum mustergültigen Allgemeinfall wird. Auf diese Weise entstehen Konventionen.

Auch Wörter können wir als solche konventionellen Werte auffassen. So ungefähr lautet die Basis der *Valeur*-Theorie von Ferdinand de Saussure, einem der bekanntesten Sprachwissenschaftler des frühen 20. Jahrhunderts. Ähnlich wie das Geld im Warenaustausch erfüllen Wörter ihre Funktion in der Kommunikation. Es ist klar, dass die Sprecher eine Konvention Wörter nicht per Verabredung einführen können, weil sie die nötige Sprache nicht haben und weil ihnen die Konvention eher unbewusst bleiben mag. Wir denken uns das Ganze darum so: Anfänglich wird die Bedeutung der Äußerung nicht durch Sprache und Konvention gesichert. Der Sprecher ist auf ein Ad-hoc-Verständnis angewiesen, und er muss seine Äußerung partner- und situationsbezogen gestalten. Dazu wird er natürlich jene Äußerung wählen, von der er annimmt, dass der Partner sie so verstehen kann, wie sie gemeint ist. Ist dies mit einer Äußerung einmal gelungen, so ist es der beste Grund, in analoger Situation wieder eine Äußerung dieser Form zu wählen. Eine Präzedenz hat sich gebildet und ist, insofern dies beide wissen und voneinander wissen, zur sozialen Gewohnheit, zu einer Konvention dieser beiden geworden. Außerdem muss sich natürlich die Kenntnis der beiden verbreiten, damit es nicht eine Art private Konvention bleibt.

Die Unsichtbare Hand

Konventionen sind also Lösungen sozialer Koordinationsprobleme. Sie sind das Produkt gemeinsamer Handlungen vieler Individuen über einen langen Zeitraum hinweg. Sie werden nicht absichtlich von diesen Individuen geschaffen, sie entstehen als Produkt der Wechselwirkung, die die Individuen aufeinander ausüben. Unsere einfache Erklärung des Zusammenhangs von Sprechen und Sprache hat demgemäß die typische Form einer Erklärung mit der Unsichtbaren Hand. Das Schema einer solchen Erklärung hat drei Komponenten, nämlich erstens die Darstellung der einzelnen Handlungen der Individuen, ihrer Motive, ihrer Zielsetzungen, ihres Erfolgs; in unserem Fall: die Verständigungshandlungen und das Sprechen. Zweitens ist das die Darstellung des Prozesses, der die individuellen Handlungen zu einem nicht-intendierten Ergebnis führt, hier: die Bildung von Präzedenzen und die Koordination. Drittens ist das die Darstellung des Ergebnisses und seiner Struktur, hier: die Etablierung von Konventionen. Eine solche Erklärung erfasst komplexe Strukturen als das nicht-intendierte, ungeplante Resultat individueller Handlungen; der amerikanische Sprachwissenschaftler Charles Ferguson nennt sie in den 1920er Jahren ein »product of human action, but not the execution of any human design«. Zwar mögen die Individuen in ihren Handlungen jeweils kurzfristige Absichten verfolgen (z. B. Verstandenwerden), sie beabsichtigen aber nicht das Produkt (die Konvention) und schaffen es in diesem Sinne auch nicht.

Unsichtbare-Hand-Erklärungen funktionieren besonders gut bei kreativen Werken. Jede intentionale Erklärung eines kreativen Werks setzt sozusagen in der Fassung der Intention schon das Ergebnis voraus. Der kreativ Wirkende, der X schafft, muss ja die Absicht gehabt haben, X zu schaffen; also war X nicht absolut neu. Dagegen kann die Unsichtbare Hand etwas schaffen, was wir erst verstehen, nachdem es entstanden ist.

Ein bisschen konkreter gefasst, kennen wir das alle. Denken wir an die Entstehung eines Staus aus dem Nichts: Kaum einer will einen Stau, und trotzdem produzieren ihn Menschen. Wie kommt das? Im engen Verkehr auf der Autobahn bremst ein einzelner Autofahrer. Der Nachfolgende muss auch bremsen. Er geht auf Nummer sicher und bremst ein bisschen mehr als eigentlich nötig. Dadurch verlangsamt sich die Spitze etwas stärker als eigentlich nötig. Der Nächste hinter ihm tut das gleiche: Er bremst etwas zu stark, um vermeintlich mehr Sicherheit zu haben. Das Tempo wird immer niedriger, weil jeder Nachfolgende mit dem gleichen Motiv handelt. Das Tempo wird niedriger bis zum Stillstand. Ein Stau wurde produziert, ohne dass einer der Beteiligten ihn tatsächlich produzieren wollte. Das Unangenehme daran ist: Der eigentlich Verantwortliche kommt nicht in den Stau. Er fährt unbehelligt weiter.

Zum Stau kommt es auf der Autobahn. Aber wo ist die deutsche Sprache? Noch so eine seltsame Frage – mit einer seltsamen Antwort: Sie ist in den Köpfen! Wie es darin aber ausschaut, weiß keiner, und natürlich auch nicht, dass es da irgendwie gleich ausschaut. Die deutsche Sprache ist eine Fiktion. Wir brauchen diese Fiktion, damit wir berechtigt hoffen können, dass wir uns überhaupt verstehen. Was wir haben, sind nur die Äußerungen. Und das sind unglaublich viele. Aus diesen konstruieren wir das, was wir die Sprache nennen. Ebenso Sprachwissenschaftler wie auch sprechende Individuen. Die Sprache ergibt sich also als das unreflektierte Ergebnis spezifischer individueller Bestrebungen. De Saussure sagt: als »le résultat incessant de l'action sociale, imposé hors de tout choix«, die Sprache bestehe aus Millionen kleinster Lösungen, die aufeinander aufbauen und gesammelt bzw. kumuliert werden. Das alles hat eine Komplexität, die niemand überblicken oder vorwegnehmen, geschweige denn in rationaler Überlegung vorplanen oder beurteilen könne, was beispielsweise manch einen dazu verführe, einen göttlichen Schöpfer zu postulieren.

Aber die Sprache ist nicht nur beständig, sie ist auch ständig im Wandel. Der Wandel passiert. Wir müssen ihn nicht machen, und wir können ihn nicht machen. De Saussure verstand die Sprache als eine unaufhaltsame Maschine, »une machine qui marcherait toujours«, die völlig unserem Willen entzogen ist und an der wir nichts ändern können, »personne n'y peut rien changer«. Schon die Größe und die Unüberschaubarkeit der Sprache machen es unmöglich für einzelne, hier etwas zu ändern. Aber vor allem können wir uns nicht darüber einigen, was vielleicht zu ändern wäre. Eine Übereinkunft scheitert nicht nur an der Größe, sondern auch daran, dass wir alle ein bisschen etwas anderes wollen. Wie sollte es da zu einer Einigung kommen?

Ach, wunderbar! Könnte man vielleicht denken. Dann muss man ja eigentlich gar nichts mehr tun. Lass die Maschine laufen! So einfach ist es aber nicht. Sprache ist ähnlich wie Moral: Jedes Individuum ist selbst für sie verantwortlich. Wir alle verfolgen kommunikative Ziele mit unserem Sprechen, und wir wollen das Bestmögliche bei unserem Kommunikationspartner erreichen. Wir wollen verstanden werden. An der kulturellen Evolution sind wir insofern alle beteiligt. Und das Futter der Evolution machen Versuche darüber aus, wie man verstanden wird und was andere von einem übernehmen. Wer also denkt, dass die eingangs geschilderte Situation am Lagerfeuer hinter uns liegt, irrt. Zwar werden wir mit vorhandenen sprachlichen Konventionen schon im frühen Kindesalter konfrontiert, und spätestens in der Schule lernen wir Regeln. Aber solche Konventionen sind veränderlich, wir handeln sie täglich neu aus oder sie ergeben sich durch die Unsichtbare Hand.

In Norddeutschland spricht man besseres Hochdeutsch

Vor einigen Jahren wurde bei ungefähr 70 Studenten, deren Heimatorte über die ganze alte Bundesrepublik verstreut waren, eine kleine Umfrage durchgeführt. Man wollte von ihnen wissen, in welcher Region das beste Deutsch gesprochen wird. Das Ergebnis war in etwa zu erwarten: Fast alle Befragten nannten einen Ort in Norddeutschland – meist Hannover oder eine Region in Niedersachsen. Das entspricht nicht nur der Meinung der meisten Norddeutschen, sondern auch der Süddeutschen und der Bewohner des Rheinlands und des Ruhrgebiets. Ein weiteres Ergebnis der Umfrage war jedoch überraschend: Von den 33 Befragten des Nordens konnten 13 keinen Menschen nennen, der ein besseres Hochdeutsch spricht als sie selbst. Von den 37 Befragten des Südens waren es dagegen nur zwei. Im Süden des deutschsprachigen Raumes bestehen in Bezug auf das sprachliche Selbstverständnis offensichtlich andere Auffassungen als im Norden.

Die Geschichte hinter der Auffassung

Wie ist es aber zu dieser Auffassung gekommen, und inwieweit ist sie überhaupt berechtigt, also an empirischem Material überprüfbar? Die Suche nach Antworten führt uns bis an die Anfänge des Deutschen zurück. Es ist eine bekannte Tatsache, dass im deutsch sprechenden Mitteleuropa anfänglich nur lateinisch geschrieben wurde. Erst seit dem achten Jahrhundert ist eine nennenswerte Anzahl von Texten in deutscher Sprache vorhanden. Diese Texte gibt es grob gesprochen in zweierlei Form: erstens in Niederdeutsch, genauer gesagt in Altniederdeutsch, und zweitens in Hochdeutsch, genauer gesagt in Althochdeutsch. Die Trennungslinie, die sich aus diesen zwei Formen für die Zeit zwischen dem 8. und dem 11. Jahrhundert ergibt, lässt sich bis in die gegenwärtigen dialektalen Verhältnisse im deutschsprachigen Raum beobachten:

Nördlich der Linie 1 sagt man im Dialekt, der dort Platt genannt wird, *tīd* für ›Zeit‹, *water* für ›Wasser‹, *maken* für

Abb. 1: Dialektale Grobgliederung des Deutschen

›machen‹, *slapen* für ›schlafen‹; hier wird also niederdeutsch gesprochen. Südlich dieser Linie beginnt die hochdeutsche Sprache, beginnen die hochdeutschen Dialekte, und diese zerfallen in zwei Gruppen, nämlich die der mitteldeutschen und die der oberdeutschen Dialekte. Hochdeutsch ist in diesem Sinn also als eine geographische Bezeichnung zu verstehen, die sich nicht auf eine über den Dialekten stehende allgemeine Hochsprache, Standardsprache oder Schriftsprache bezieht.

Die heutige Bedeutung des Wortes »Hochdeutsch« ist relativ jung, sie taucht erst im 17. Jahrhundert auf – wie aber ist sie entstanden?

Die mittelalterlichen Sprachverhältnisse in unseren Landen sind nicht mit den heutigen zu vergleichen. Im Mittelalter gab es keine über den Dialekten stehende gemeinsame Hochsprache, die in allen Regionen gleichermaßen benutzt und verstanden worden ist, sondern es gab nur Dialekte im gesprochenen Bereich und regional geprägte Schreibsprachen im geschriebenen Bereich. In Hamburg schrieb man im 14. Jahrhundert *slapen* und *hus* und in Augsburg *schlaufen* und *hous*.

Wie kommt es dann dazu, dass man heute in Hamburg, München und Wien einheitlich *schlafen* und *Haus* schreibt? Das hängt mit der Entstehung einer einheitlichen deutschen Schriftsprache zusammen, ein Vorgang, der im 15. Jahrhundert einsetzte. Der Buchdruck beschleunigte diesen Prozess ungemein, Luthers Bibelübersetzung wurde Autorität; sie war maßgeblich an der Verbreitung der Einheitssprache beteiligt, und die kulturelle Dominanz des ostmitteldeutschen Raumes, vor allem im 17. und 18. Jahrhundert, sorgte weiter für einen entsprechenden ostmitteldeutschen Einfluss.

In der zweiten Hälfte des 18. Jahrhunderts war dieser Prozess im großen und ganzen abgeschlossen, wir besitzen seitdem eine relativ einheitliche Schreibsprache, die von

Wien bis Köln und von Basel bis Königsberg gepflegt wird. Diese neue, gemeinsame Schreibsprache des Deutschen in Mitteleuropa wurde im hochdeutschen Raum, also im Süden entwickelt. Die Schreibvarietät (d.h. die geschriebene Sprache) dieses Raumes besaß schon am Anfang des 16. Jahrhunderts so großes Ansehen, dass in der zweiten Hälfte dieses Jahrhunderts alle namhaften Kanzleien des niederdeutschen Raumes ihre angestammte, seit Jahrhunderten gebrauchte mittelniederdeutsche Schreibsprache aufgaben und sich der südlichen Varietät, der hochdeutschen Sprache bedienten. Das führte dazu, dass das Mittelniederdeutsche, diese einst bedeutende Sprache der Hanse, als Schriftsprache ausstarb. Sie wurde durch das Hochdeutsche ersetzt.

Was soll das alles nun damit zu tun haben, dass die Norddeutschen glauben, das bessere Hochdeutsch zu sprechen? Bisher war vor allem von geschriebener Sprache die Rede, nicht von der Mündlichkeit, von der gesprochenen Sprache. Im Mittelalter wurde – grob gesehen – Dialekt, das heißt: stark regional geprägt, gesprochen und tendenziell ebenso geschrieben. Der Entstehungsprozess der neuhochdeutschen Schriftsprache schuf eine einheitliche Schreibsprache, aber lange noch keine einheitliche Sprechsprache. Im gesprochenen Bereich gab es bis um 1900 im Süden nur regionale beziehungsweise dialektale Sprachformen. Das heißt, man sprach im Süden auch in gebildeten Schichten zum Beispiel *guat* für ›gut‹, *liab* für ›lieb‹ und *miad* für ›müde‹. Es ist erst ungefähr 100 Jahre her, dass solche Lautvarianten allmählich begannen, aus der Mündlichkeit von Gebildeten zu verschwinden. Sie sind aber auch heute noch sogar in offiziellen, öffentlichen Sprechsituationen, etwa in den Medien, zu hören.

Im norddeutschen Bereich folgte der Übernahme der hochdeutschen Schreibsprache ein jahrhundertelanger Prozess der Umstellung auch der Mündlichkeit aufs Hochdeutsche; das hat inzwischen dazu geführt, dass kaum noch jemand niederdeutsch (»plattdeutsch«) sprechen kann. Die Ausbreitung des Hochdeutschen als Sprechsprache begann von der zweiten Hälfte des 16. Jahrhunderts an bei den höheren Schichten in den Städten und erfasste später auch das flache Land. Wo aber konnten die Niederdeutschen das Hochdeutsche erlernen? Die, die an der südlichen Sprachgrenze hochdeutsche Nachbarn hatten, konnten sich an diesen orientieren. Aber die sprachen natürlich nur ihre Dialekte. Den anderen blieb nichts anderes übrig, als ihre Aussprache an der Schreibung auszurichten. Hochdeutsch zu schreiben hatte man ja schon gelernt – die einzelnen Wörter dem Lautwert der Buchstaben entsprechend zu artikulieren, stellte also die naheliegendste Lösung dar. Das ergab eine Ausspracheform, die man als »Schreiblautung« bezeichnet hat und die auch von Grammatikern seit dem 16. Jahrhundert durchgängig als die beste Aussprache angesehen wurde. Auch heute geht man indirekt von diesem Ideal aus, wenn man von jemandem sagt, er spreche »nach der Schrift« oder er rede »wie gedruckt«.

Weil also die Norddeutschen ab dem 16. Jahrhundert ihre alte Sprache nach und nach zuerst in der Schriftlichkeit und dann im Mündlichen aufgeben und das südliche Hochdeutsche quasi als Fremdsprache neu erlernt haben, und weil ihnen bei der Aussprache, beim Lesen dieser Schreibform nichts anderes übrig blieb, als sich an den vorhandenen Buchstaben zu orientieren sowie schließlich, weil ebendiese buchstabengetreue Lautung damals als Ideal angesehen wurde, bildete sich im Laufe der Zeit in Norddeutschland und auch im Süden die Meinung heraus, dass im Norden das beste Hochdeutsch gesprochen wird.

Hochdeutsch in Aussprachewörterbüchern

Können es also die Norddeutschen tatsächlich besser? Was ist dran an dieser Auffassung? Und hält diese Hypothese einer empirischen Überprüfung stand? Zuerst einmal ist zu klären, was bei der Bewertung von regionalen Sprachvarianten unter »besser« und »schlechter« zu verstehen sein soll. Ein Beispiel: Welche von den folgenden drei Lautungen für ›heiß‹ ist die schönste – *haaß, hoiß* oder *hoaß* oder *haeß*? Die Tatsache, dass dem einen oder anderen die eine oder andere Variante besser gefällt, bedeutet nicht, dass es eine wissenschaftliche Basis für diese Bewertungen gibt – es existiert in der Wissenschaft kein »besser« oder »schlechter« beim Vergleich von Sprachen und Dialekten. Aber es gibt, wie oben dargestellt, Meinungen von Menschen über besser oder schlechter, über schöner oder weniger schön. Und solche Meinungen sind nicht weniger wirksam in einer Gesellschaft als wissenschaftlich begründbare Fakten.

Und weiter noch: Eine wissenschaftlich begründ- oder gar beweisbare »beste Aussprache« gibt es nicht und kann es auch gar nicht geben; doch gibt es Aussprachewörterbücher, die einfach dadurch, dass sie vorhanden sind, eine bestimmte Wirkung haben und im Zweifelsfall zur Autorität werden, und zwar schlicht deshalb, weil man in ihnen nachschlagen kann. Sie nehmen für sich in Anspruch, eine vorbildliche, über den Regionen stehende Normaussprache zu kodifizieren. Und sie spielen im Deutschunterricht für Nichtmuttersprachler eine große Rolle. Das älteste dieser Wörterbücher, die *Deutsche Aussprache. Reine und gemäßigte Hochlautung mit Aussprachewörterbuch* von Theodor Siebs, kurz *Siebs* genannt, existiert seit 1898. Dieses Werk ist nicht ohne Wirkung geblieben: Die Norm des *Siebs* war bis 1964 fast konkurrenzlos und maßgebend für die Berufssprecher der Bühne, des Rundfunks sowie für die Lehrerausbildung. Es gab zwar immer wieder leidenschaftlich vorgetragene Stimmen aus dem Süden gegen diese Norm, sie blieben aber ohne Resonanz in der sogenannten Fachwelt. Seine Vorschriften sind zum Standard auch für die Alltagssprache geworden, obwohl sie ursprünglich nur für die Bühne konzipiert waren. Von dieser Grundlage haben wir auszugehen, wenn wir eine sogenannte »beste« Aussprache fassen wollen, wir kommen am *Siebs* und den anderen Aussprachewörterbüchern nicht vorbei. Es gibt nur diese Autoritäten, nur an sie können wir uns halten, nur sie können wir konsultieren, wenn wir wissen wollen, wie ein bestimmtes deutsches Wort »richtig« auszusprechen sei. Trotz der eben formulierten generellen Bedenken wollen wir im folgenden einmal die Ergebnisse über die tatsächliche Aussprache des Schriftdeutschen mit den Normen, so wie sie die derzeit aktuellen Wörterbücher kodifiziert haben, vergleichen und die jeweilige Nähe von verschiedenen Regionen zu dem jeweiligen Wörterbuchstandard feststellen.

Von diesen Aussprachewörterbüchern gibt es zu allem Überfluss tatsächlich drei quasi offizielle mit vier verschiedenen Normen: Das oben schon erwähnte Nachschlagewerk von Theodor Siebs hat seit 1898 viele Auflagen unter verschiedenen Titeln erlebt; seit 1969 waren Ergebnisse von empirischen Untersuchungen eingeflossen, die unter Hans Krech Anfang der 1960er Jahre an Berufssprechern vor allem aus der DDR gemacht wurden. Diese Arbeiten dienten der Erstellung eines eigenen Aussprachewörterbuchs für die DDR, das 1964 zum ersten Mal als *Wörterbuch der deutschen Aussprache* erschienen ist und seit 1982 als *Großes Wörterbuch der deutschen Aussprache* firmiert.

An den Regeln des DDR-Wörterbuchs orientierte sich auch die Neubearbeitung der *Duden-Aussprache* von 1974, obwohl die beiden in verschiedenen Bereichen auseinandergehen. Nirgends wird erklärt, worauf die Ausspracheregeln des *Duden* beruhen; es sind wohl einsame Entscheidungen des *Duden*-Bearbeiters Max Mangold gewesen, die zur *Duden*-Norm geführt haben. Anders ausgedrückt: Eine deutsche Aktiengesellschaft (Bibliographisches Institut) beauftragt einen Phonetik-Professor damit, eine neue Norm des Deutschen zu schaffen. Der tut es – ohne auf die tatsächlich vorhandenen Ausspracheweisen zu achten, ohne Abstimmung mit den anderen deutschsprachigen Ländern, einfach so. Und wir alle haben das akzeptiert; besser gesagt, uns war es egal, was genau da warum festgelegt wurde, wir sprechen einfach weiter, weil wir ja wissen, dass wir Deutsch können. Aber was tut zum Beispiel ein Deutschlehrer in Tokio, der keinen Deutschen zur Hand hat, den er fragen kann? Er schaut im entsprechenden Wörterbuch, etwa im *Duden*, nach. Das heißt, dass solche Wörterbücher – auch wenn darin indirekt eine Aktiengesellschaft sagt, was üblich und richtig ist – Wirkung haben.

Heute ergibt sich also die folgende Situation: Wenn man beim Wörterbuch von Siebs trennt in einerseits »reine« und andererseits »gemäßigte« Hochlautung und dazu auch die Norm des *Großen Wörterbuchs der deutschen Aussprache* und des *Duden* nimmt, kommt man auf vier verschiedene, konkurrierende Aussprachenormen für das Deutsche. Wie spricht denn nun heute der gebildete Mitteleuropäer deutscher Zunge? Leider hat dieses Thema in der Forschung bisher fast nur die Auslandsgermanistik interessiert, in Deutschland selbst gibt es verhältnismäßig wenige Arbeiten dazu. Neuere Erhebungen zur Aussprache, die auch den ostdeutschen Raum einbeziehen, werden gegenwärtig vom Institut für deutsche Sprache (IdS) in Mannheim durchgeführt (Projekt *Deutsch heute*).

Gemessenes Hochdeutsch

Warum solche Studien, sollen sie aussagekräftig sein, viel Zeit in Anspruch nehmen, zeigt die methodische Anlage des bereits 1989 erschienenen *Atlas zur Aussprache des Schriftdeutschen*. In diesem werden Sprecher beschrieben, die zwischen 1946 und 1958 geboren wurden, die in dem Ort, den sie repräsentieren, aufgewachsen sind, die Abitur haben, zum Zeitpunkt der Datenerhebung studierten und von denen mindestens ein Elternteil die gleiche Bedingung hinsichtlich des Bildungsstandes (Abitur) und der Herkunft (dort aufgewachsen) erfüllt. Diese Bedingungen sollten gewährleisten, dass das Hochdeutsche mindestens in der zweiten Generation als sprachliche Ausdrucksmöglichkeit zur Verfügung steht. Die Untersuchung diente also dazu, eine möglichst hohe Sprachform zu erfassen. Dem trug die Versuchsanordnung Rechnung: Es mussten drei Wortlisten, von denen die zwei ersten alphabetisch geordnet waren und die dritte Wortpaare enthielt, vorgelesen werden. Insgesamt waren dies rund 1700 Wörter. Dabei sollten die Sprecher vor jedes Substantiv den Artikel, der nicht auf der Liste stand, setzen, so dass jedes Wort verstanden sein musste, bevor es artikuliert werden konnte. Die Sprecher wurden über das Ziel der Forschungen informiert und bekamen die Anweisung, den Text so zu lesen, wie sie es vor einer Schulklasse tun würden.

Das auf diese Weise gewonnene Sprachmaterial, also das Korpus zum *Atlas zur Aussprache des Schriftdeutschen*, repräsentiert das, was die Informanten auch in anderen formal hochstehenden Sprechsituationen (zum Beispiel bei einem Vortrag) oder in gepflegter deutlicher (Theodor Siebs würde sagen »ruhiger, verstandesmäßiger«) Rede, produzieren würden. Die regionale Prägung wurde auf ein Minimum reduziert. Dies zeigt sich auch darin, dass viele der bei Siebs

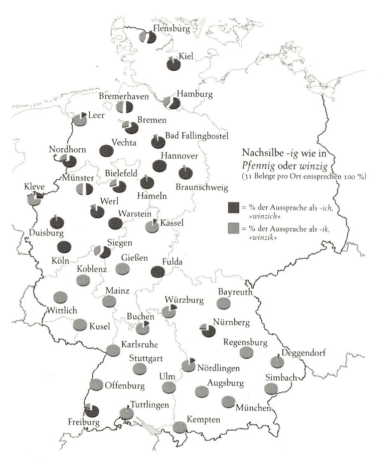

Abb. 2: Aussprache der Schreibendung -*ig*

oder anderen Autoren als zu vermeidende landschaftliche Eigenheiten aufgeführten Ausspracheformen in diesem Korpus überhaupt nicht vorkommen. Mit anderen Worten: Das Material bildet die höchste, oberste Sprechweise ab, in der sich gebildete Sprecher ohne speziellere Sprechausbildung bewegen können.

Obwohl man nun meinen könnte, dass diese Sprechweise sehr einheitlich ausfallen müsste, füllt die Beschreibung der vorgefundenen Varianten rund 500 Druckseiten, darunter etwa 300 Seiten Tabellen und Karten. Es weisen zwar nicht alle Phänomene eine regionale Verteilung auf, aber ein großer Teil. In den Atlas gingen die Aufnahmen von jeweils ungefähr 45 Tonbandminuten von 44 Sprechern ein. Sie mussten alle der oben beschriebenen sehr eng definierten sozialen Gruppe angehören. Dadurch war die Wahrscheinlichkeit sehr hoch, dass der Proband ein Hochdeutsch produziert, das der Aussprachweise jener Region, für die er in den Karten steht, entspricht.

In den Karten wird also die tatsächliche Aussprache von deutschsprachigen gebildeten Sprechern verschiedener Herkunft innerhalb der alten Bundesrepublik mit der von verschiedenen Aussprachewörterbüchern gesetzten Norm verglichen. Diese Norm bzw. diese Normen wurden, wie bereits erläutert, relativ willkürlich gesetzt, denn rein sprachwissenschaftlich betrachtet gibt es keinen Grund, warum die Aussprache des Wortes *König* als *Könich* besser sein soll als die Aussprache *Könik*. Damit wären wir schon bei unserer ersten Karte.

Pfennig und *winzig* sind die Beispielwörter für die Aussprache der Endung *-ig*. Die Karte stellt Prozentwerte dar, die dunklen Anteile bedeuten hier »normgerechte« Aussprache, also *Pfennich* und *winzich*. Je größer der dunkle Anteil also wird, umso mehr stimmen die Sprecher mit den Normen der Aussprachewörterbücher überein. Die Karte

Abb. 3: Aussprache des s-Lautes im Anlaut

zeigt, dass die Aussprache *Pfennich* und *winzich* vor allem im Norden anzutreffen ist.

Allgemein gilt diese Form als die »richtige«, für den *Duden* ist die Ausspracheform *Pfennik* und *winzik* umgangssprachlich. Sieht man allerdings die Wörterbücher genauer an, so ist die Begründung für diese Regelung schon in der ersten Auflage des *Siebs* nicht überzeugend. Nach Arnold Littman ist sie »von der Schweiz offiziell und von Österreich (zumindest in der Praxis der Bühnen [...]) [...] nie anerkannt« worden. Inzwischen gelten laut *Siebs* für Österreich, die Schweiz und Süddeutschland landschaftliche Sonderregeln für die reine Hochlautung. In der gemäßigten Hochlautung ist die Form *Pfennik* und *winzik* genauso möglich. Im *Großen Wörterbuch der deutschen Aussprache* findet sich der Satz: »Im Süden der DDR und im Süden der BRD wird das Suffix *-ig* häufig als [-ik] gesprochen«. Was in den Wörterbüchern als Differenz zwischen Hoch- und Umgangssprache dargestellt ist, erweist sich als regional bedingte Aussprache: Man kann also nicht davon ausgehen, dass die Form mit Reibelaut die bessere sei.

Regional bedingte Unterschiede zeigen sich auch in der Aussprache des s-Lautes am Wortanfang vor einem Vokal wie in *Sichel*, *Sohn* und *Seil*.

Nach allen Wörterbüchern ist in diesen Fällen die stimmhafte Aussprache des s-Lautes (wie in *reisen* gegenüber *reißen*) gefordert. Die Karte zeigt im Norden und in der Mitte eine eher stimmhafte Aussprache. Diese normgerechte Stimmhaftigkeit ist im Süden hingegen gar nicht anzutreffen.

Dass auch in Norddeutschland nicht immer der in den Wörterbüchern aufgestellten Norm gemäß gesprochen wird, zeigen die folgenden beiden Karten:

Abb. 4: Aussprache der Schreibendung *-en* im unbetonten Auslaut

Abb. 5: Aussprache der Schreibendung -ng im Auslaut

Auf Abb. 4 sieht man, dass Wörter des Typs *Riemen* oder *brennen* in einer Region des (alt)bundesrepublikanischen Nordostens als *Riem* und *brenn* (mit »verschluckter Endung«) ausgesprochen werden. Dies ist nach den Normsetzungen der Wörterbücher aber gar nicht erlaubt! Ebenfalls nicht der postulierten Norm entspricht die norddeutsche Aussprache der Endung -*ng* in Wörtern wie *Ding* und *Täuschung*.

Aus Abb. 5 wird ersichtlich, dass die Aussprache *Diŋk* und *Täuschuŋk* vor allem im norddeutschen Raum zu finden ist – ein klarer Normverstoß des Nordens, denn in keinem der Wörterbücher ist die Aussprache von Wörtern, die auf -*ng* enden, mit einem -*k* erlaubt.

Was lässt sich nun aus all diesen Beispielen schließen? Die Norddeutschen können es auch nicht besser. Auch sie weichen von der Norm ab – vorausgesetzt, dass man die Normen der Aussprachewörter zugrunde legt, und es gibt keine anderen. Diese Abweichungen von Nord und Süd werden nicht nur von den Laien, sondern auch von der sogenannten Fachwelt unterschiedlich bewertet. So findet sich in der Einleitung des Aussprachewörterbuchs des *Duden* ein Abschnitt »Umgangslautung«. In diesem werden Aussprachevarianten der Alltagssprache vorgestellt, also die »ungenormte Lautung [...] in der gewöhnlichen Unterhaltung zu Hause, auf der Straße und im Betrieb«. Die auf drei Seiten angeführten Beispiele, meist ohne Regionalangaben, behandeln 22 »häufige Erscheinungen der Umgangslautung«. Von den sechs regional bedingten sogenannten »Umgangslautungen« sind fünf nord- und teilweise auch mitteldeutsch, nur eine ist süddeutsch. Nimmt man nun die Aussage der Bearbeiter dieses Aussprache-*Duden* ernst, dass »vor allem häufige Erscheinungen« der »Umgangslautung« besprochen werden, dann könnte man daraus schließen, dass die Süddeutschen und Österreicher in dem, was der *Duden*

»Umgangslautung« nennt, so wenig Abweichungen haben, dass diese nicht weiter erwähnenswert sind. Vor dem Hintergrund der allgemeinen Auffassung vom schlechteren Hochdeutsch der südlichen Bundesländer kann man die Darstellung des *Duden* allerdings auch noch anders interpretieren: Norddeutsche Regionalismen werden hier vor allem deshalb erwähnt, weil sie als allgemeiner verbreitet angesehen, weil sie noch eher als dem Standard bzw. der Norm angehörend betrachtet werden. Sie werden eher verziehen als süddeutsche oder solche Österreichs oder der Schweiz. Altbundeskanzler Gerhard Schröder sprach und spricht regelmäßig: *lecht* statt *legt*, *Tach* statt *Tag*, *Fead* statt *Pferd*, *Hoffnunk* statt *Hoffnung*. Kein Mensch wird ihn überzeugen, dass das nicht bestes Hochdeutsch ist. Er kommt ja schließlich aus Hannover. Und der *Duden* verstärkt, perpetuiert solche Auffassungen, die heute in nichts anderem gründen als in der Tatsache, dass viele sie glauben. Ist ein Buch aus dem Duden-Verlag auch noch so nachdrücklich als Beschreibung eines Sprachzustandes angelegt: der normale, d.h. der nicht-germanistische bzw. nicht-muttersprachliche, Benutzer wird es normativ lesen.

Die Auffassung, dass die Süddeutschen kein Hochdeutsch können, kann man also linguistisch nicht begründen; man kann aber erklären, warum es zu dieser Meinung gekommen ist, und auf die Abweichungen norddeutscher Sprecher von den Wörterbüchern, die wir jetzt mal als Autoritäten angenommen haben, hinweisen.

Der Dativ ist dem Genitiv sein Tod

Die Bewertung, ob etwas gut bzw. schlecht oder richtig oder falsch entsprechend der öffentlichen Wahrnehmung des Deutschen ist, bezieht sich nicht nur auf die Aussprache. Auch ganze Wörter oder Formen im Satzbau (*Die Spieler, die wo wir gekauft haben*) sehen sich dem Verdacht ausgesetzt, defizitäres, schlechtes Deutsch zu sein. Das sprachlich Abweichende erscheint als die auffällige Sprachform, die auch in der Schule traditionsgemäß verpönt ist. Akzeptiert wird zunächst einmal das, was unauffällig zu sein scheint, und unauffällig ist in der Regel das, was als Norm empfunden wird. Wir haben alle eine mehr oder weniger diffuse Vorstellung von dieser Norm, bisweilen aber sind wir unsicher: Heißt es nun *besser als* oder *besser wie*, heißt es *er wartete schon lang* oder *schon lange*?

In solchen Fällen suchen wir Rat; es schlägt nun aber keineswegs, wie man vermuten könnte, die Stunde der Grammatiker. Deren Werke werden von den meisten von uns im Alltag nicht wahrgenommen. Manchen mag der Stil dieser Bücher oder das Thema zu trocken sein, andere werden mit Grauen an ihre Schulzeit erinnert. Doch das Thema Grammatik wird nicht erst seit kurzer Zeit vor allem von Sprachratgebern, -profis und -pflegern in populärer Form einer breiteren Öffentlichkeit vermittelt. Diese Ratgeber haben in der Regel eine allzu klare Vorstellung von dem, was richtig und was falsch ist. Im besten Fall wollen sie unter dem Deckmantel einer humorvollen Sprachkritik den vermeintlichen allgemeinen Sprachverfall aufhalten.

Zum Beispiel hat die Ansicht, dass »der Dativ dem Genitiv sein Tod« sei, vor allem durch die gleichnamigen Bücher Bastian Sicks sowie seine *Zwiebelfisch*-Kolumne im Wochen-Magazin *Der Spiegel* Verbreitung gefunden. Die dort verlachten populären Fehler stellen aber bei genauerer Betrachtung nicht einfach nur Fehler dar. Die Unsicherheiten in Fällen wie *wegen dem Zwiebelfisch* statt *wegen des Zwiebelfischs, Anfang diesen Jahres* statt *Anfang dieses Jahres* und eben auch *Der Dativ ist dem Genitiv sein Tod* statt *Der Dativ ist der Tod des Genitivs* sind vielmehr grammatische Zweifelsfälle. Und das bedeutet, dass es nicht ausreicht, sie als Fehler einzelner Sprecher oder dialektaler Gruppen zu behandeln. Während die gängige Sprachkritik sich mit Urteilen über Falschheit und Richtigkeit begnügen kann, muss die Sprachwissenschaft auch erklären können, wie unsere Sprache aufgebaut ist, zu welchen Zwecken wir sprachliche Ausdrucksmittel benutzen, aber auch, nach welchen Mustern wir unsere Sprache variieren, wandeln – und wie aus diesen Varietäten eben Zweifelsfälle entstehen können.

Von Variation und Wandel zu Zweifeln und Kritik?

Wie kommt es überhaupt dazu, dass wir über grammatische Formen in Zweifel geraten? Lebende Sprachen sind komplexe Gebilde. Sie sind keine reinen Naturprodukte wie die Alpen; sie sind aber auch keine reinen Kunstprodukte wie etwa das Brandenburger Tor. Sie sind von beidem etwas, oder, wie der Düsseldorfer Sprachwissenschaftler Rudi Keller es ausgedrückt hat, sie sind »Phänomene der dritten Art«. Sie sind von Menschen gemacht, aber sie wurden nicht nach einem bestimmten Plan kreiert (vgl. hier S. 17 f.). Sie sind entstanden, weil Menschen merkten, dass sie sich mit ihnen leichter verständigen konnten als etwa mit dem Zeigen auf Dinge und mit anderen Gesten. Da sich die Bedingungen der Kommunikation aber ständig ändern (weil sich nun mal auch die Welt und die gesellschaftlichen Umstände ändern), ändern wir auch ständig unsere Sprache. Das merken wir meistens gar nicht – Sprachwandel verläuft in der Regel so, dass wir ihn nicht bewusst wahrnehmen. Wir können den Wandel aber feststellen, wenn wir uns etwa einen mittelhochdeutschen Text anschauen und ihn mit einer modernen Übersetzung vergleichen:

> dû bist mîn, ich bin dîn
> des solt dû gewis sîn
> dû bist beslozzen
> in mînem herzen
> verlorn ist daz sluzzelîn
> dû muost ouch immêr darinne sîn.

> Du bist mein, ich bin dein.
> Dessen sollst du sicher sein.
> Du bist eingeschlossen
> in meinem Herzen;
> [denn] verloren ist das Schlüsselchen.
> Du musst also auch immer drinnen bleiben.

Die Unterschiede sind offensichtlich.

Falls wir aber nicht gerade eifrige Leser älterer Texte sind, stellen wir Sprachwandel überhaupt nur dann fest, wenn wir älter werden. Denn Sprache wandelt sich ständig, auch in unserer Zeit. Wenn jung gebliebene Mittfünfziger etwa äußern, dass sie etwas ganz *toll* oder *dufte* finden und dann mitleidige Blicke von Jugendlichen ernten, werden sie merken, dass die jugendsprachlichen Ausdrücke ihrer Zeit es nicht ganz bis ins 21. Jahrhundert geschafft haben. Dieselben Mittfünfziger werden umgekehrt den Kopf schütteln über kreative Neuschöpfungen von Jugendlichen wie z.B. *vorbeichillen* oder *voll fett*. Dabei nimmt jede Generation meist eine sprachkonservative Haltung ein und tendiert dazu, das Neue als Niedergang und Verfall der Sprache an sich zu interpretieren. Äußerungen darüber, dass die Jüngeren anders sprechen als die Älteren, finden sich in nahezu allen Epochen, aus denen Texte überliefert sind.

Es ist dabei aber nie so, dass sich Ältere und Jüngere gar nicht mehr verstehen. Denn Sprachwandel vollzieht sich nie abrupt: Selten ersetzt eine Form A eine andere Form B von heute auf morgen, sondern es bestehen meist beide Formen für eine gewisse Zeit in friedlicher Eintracht nebeneinander. Zum Beispiel benutzt ein Teil der Sprecher das Wort *Samstag*, eine andere Gruppe das Wort *Sonnabend* oder ein Teil die Form *Anfang dieses Jahres* und der andere die Form *Anfang diesen Jahres*. Gehört nun aber die eine Gruppe überwiegend der jüngeren Generation an und die andere überwiegend der älteren, so ist absehbar, dass sich irgendwann einmal die eine Form gegen die andere durchsetzen wird. Das zeichnet sich etwa beim Gebrauch der Wörter *Samstag* und *Sonnabend* ab: In den 1970er Jahren sind diese und andere regional unterschiedlich gebrauchten Wörter per Fragebogen erfasst worden (das Ergebnis sieht man auf der Karte auf S. 42). Die Erhebung wurde vor einigen Jahren per Internetumfrage wiederholt. Auf der Karte auf S. 43 wird deutlich, dass sich der Gebrauch von *Samstag* weiter ausgebreitet hat. Außerdem wurde diese Form viel häufiger von den jüngeren als von den älteren Informanten genannt.

Bis nun aber die eine Form die andere ersetzt, werden eine ganze Zeit lang beide Formen nebeneinander bestehen, und viele Sprecher abwechselnd die eine oder die andere Form verwenden. Sprachwissenschaftler nennen das »Variation in der Sprache«. Variation ist in sehr vielen Fällen eine Voraussetzung für Sprachwandel.

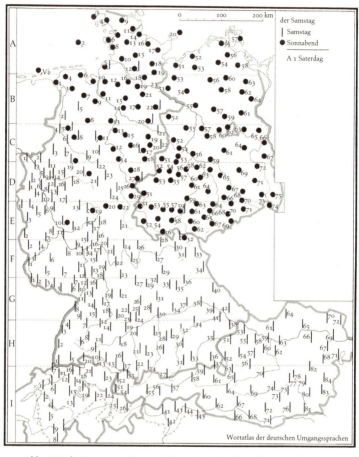

Abb. 6: Verbreitung von *Samstag/Sonnabend* im deutschen Sprachgebiet

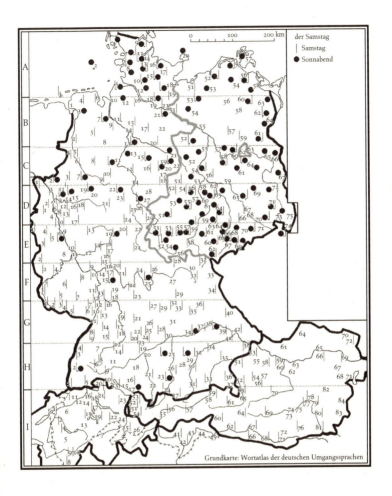

Was hat das nun mit dem *Zwiebelfisch* zu tun? Was bisher beschrieben wurde, ist ein friedliches Szenario des Sprachwandels. Dieses entspricht aber nur zum Teil der Sprachwirklichkeit, denn in unserer Sprachgemeinschaft scheint es sehr deutliche Meinungen darüber zu geben, was besser oder schlechter ist. Um nur eine Stimme aus der genannten Interneterhebung von 2002 zu zitieren: Eine Lehrerin aus Lüchow-Dannenberg klickte *Samstag* an und schrieb dazu: »Ebenso verbreitet ist der Begriff *Sonnabend*. Ansonsten spricht man [hier ...] relativ reines Hochdeutsch.« Bei Bastian Sick klingt das weniger direkt. Er beantwortet als Sprachexperte in Folge 2 von *Der Dativ ist dem Genitiv sein Tod* auf Seite 100 die Frage einer Leserin – man weiß nicht, ob sie real oder fiktiv ist –, »warum [...] der Samstag auch Sonnabend« heiße, folgendermaßen: Neben vielen anderen Marotten leiste die deutsche Sprache sich »den Luxus, für einen Wochentag zwei unterschiedliche Namen zu führen«. »Samstag« sei »die offizielle Bezeichnung, die auch am weitesten verbreitet ist. Der Name Sonnabend ist vor allem in Norddeutschland gebräuchlich.«

Man fragt sich natürlich, wer diese »offizielle« Instanz sein soll, die das festgelegt hat. Und auch die geographische Verbreitung ist alles andere als eindeutig: Nach den Ergebnissen des *Atlas zur deutschen Alltagssprache* müsste man inzwischen feststellen, dass *Sonnabend* vor allem in Ostdeutschland gebräuchlich ist.

Warum wollen Menschen überhaupt so genau wissen, ob es richtig *Samstag* oder *Sonnabend* bzw. *diesen* oder *dieses Jahres* heißt? Bei aller Aufgeschlossenheit gegenüber dem Modernen sind wir in Sachen Schriftsprache im Grunde konservativ. »Korrekt« gesprochenes und geschriebenes Deutsch ist für 98 % der Befragten einer im Nachrichtenmagazin *Der Spiegel* veröffentlichten Infratest-Umfrage vom August 2006 »sehr wichtig bis wichtig«. Korrektes

Deutsch gehört zu den ersten Selektionskriterien für schulisches und berufliches Fortkommen, ja, es wird häufig sogar als Gradmesser für Intelligenz gesehen. Ob wir also wollen oder nicht: Es ist in unserer Gesellschaft wichtig, dass man sich mündlich, vor allem aber schriftlich nicht nur angemessen, sondern auch grammatisch korrekt ausdrücken kann.

Nun ist aber nicht allen Sprachteilnehmern klar, was denn überhaupt korrekt ist und was nicht, und es scheint so zu sein, als ob die Unsicherheiten zunehmen (das gilt für Grundschüler wie für Germanistikprofessoren). Schulen wie Universitäten gelingt es offenbar immer weniger, Schülern und Studierenden Sicherheit in grammatischen Fragen zu vermitteln. Man könnte also ein abnehmendes grammatisches Wissen bei weiterhin bestehendem Korrektheitsbedürfnis konstatieren. Vermutlich erhoffen sich viele Leser von Büchern wie *Der Dativ ist dem Genitiv sein Tod* oder Glossen wie dem *Zwiebelfisch* neben dem Unterhaltungswert eine gewisse Teilhabe am Bildungskanon, so wie sich manche »Die ZEIT-Bibliothek der 100 Bücher« für eine Orientierung anschaffen, was denn kanonische Werke seien.

Interessant sind nun die Auffassungen von Sprache, die von sprachpflegerischen Korrektheitsvorstellungen geleitet werden. Denn trotz aller Unsicherheiten bei einzelnen Phänomenen scheinen viele Sprecher davon überzeugt zu sein, dass es *die* eine korrekte Form tatsächlich gibt. Hinter dieser Überzeugung steht dann eben nicht das Bild einer sich wandelnden, variationsreichen Sprache, sondern das Bild einer unveränderlichen Standardsprache, des sogenannten Hochdeutsch. Um es plakativ auszudrücken: Man stellt sich vor, dass es ein »Idealdeutsch« gibt, glaubt, dass es von Schriftstellern wie etwa Thomas Mann geschrieben wurde, dass es auch irgendwo in der Gegend von Hannover gesprochen wird und dass es heute eigentlich nur noch von »Sprachhelden« (*Der Spiegel*) wie Bastian Sick oder Wolf Schneider

(*Deutsch für Profis*) beherrscht wird. Kein Sprachwissenschaftler würde demgegenüber denken, dass es so etwas geben kann wie eine hundertprozentig einheitliche, lebende Standardsprache. Die allgemeine Wahrnehmung ist jedoch in der Regel anders, und zur Schaffung einer »Standardsprachenideologie« haben nicht zuletzt Autoren populärer Ratgeber beigetragen.

Diese Vorstellungen haben in modernen Standardsprachen wie dem Deutschen einen ausgesprochen hohen Stellenwert erlangt, und zwar ungefähr seit der Zeit, seit der sie als Standardsprachen kodifiziert, festgeschrieben und für alle verbindlich wurden. Das war in der Geschichte des Deutschen am Ende des 19. Jahrhunderts der Fall. Gerade zu dieser Zeit fanden auch nicht-wissenschaftliche Sprachratgeber große Verbreitung. Sie führten damals gewissermaßen den erhobenen Zeigefinger schon in ihren Titeln: *Über Verrottung und Errettung der deutschen Sprache* (von Hans Paul Freiherr von Wolzogen, Leipzig 1880), *Allerhand Sprachdummheiten* (von Gustav Wustmann, Leipzig 1891) oder *Sprachleben und Sprachschäden* (von Theodor Matthias, Leipzig 1892).

Sprachratgeber sind nichts Neues, sondern sie stehen in einer mehr als 100 Jahre alten Tradition nicht-wissenschaftlicher Werke, die Laien lesen oder aufschlagen, um zu erfahren, wie es denn nun im schriftlichen Ausdruck »korrekt« heißt. Es gab und gibt freilich auch Nachschlagewerke aus wissenschaftlichen Verlagen, die dieses Bedürfnis befriedigen, heutzutage allen voran der fünfte Band des *Wahrig*, »Fehlerfreies und gutes Deutsch« (2003), und der neunte Band des *Duden*, »Richtiges und gutes Deutsch« (2007).

Und es gibt Sicks Bücher, die sich als Hilfesteller und Führer oder, wie er es nennt, »Wegweiser« verstehen. Ihr Verkaufserfolg hat vor allem den Autor selbst überrascht. In einer Zeit, in der von allen Seiten von Sprachmisere, Sprachverfall oder Sprachverlotterung gesprochen wird, erreicht er mit seinen mittlerweile vier Kolumnen-Bänden ein Millionenpublikum – und zwar mit grammatischen Themen! Auch wenn Sicks Selbstbezeichnungen als »Sprachrichter« oder »Zentrale der deutschen Sprachpolizei« furchteinflößend wirken mögen – eine bessere Werbung können sich Sprachwissenschaftler eigentlich kaum wünschen. Dabei setzt Sick allerdings nicht auf wissenschaftliche Systematik, sondern auf Entertainment. Im Vorwort zum ersten Band von *Der Dativ ist dem Genitiv sein Tod* bemerkt er, es gebe viele »Lehrbücher über die deutsche Sprache«, aber nur »wenige davon werden freiwillig gelesen«. Dies liege »vermutlich an ihrer Rezeptur: größtmögliche Akribie und pädagogischer Eifer, geringstmöglicher Unterhaltungswert«. Sein Buch aber sei anders. Sick will also kein Lehrbuch bieten, und er bietet es auch nicht.

»Wegen dem Zwiebelfisch« oder »wegen des Zwiebelfischs«?

Sprachliche Variation kann eine Vorstufe für einen Sprachwandel sein. Variation bedeutet auf der einen Seite Vielfalt, bei der mehrere Varianten friedlich nebeneinander existieren. Auf der anderen Seite fördert Variation Konkurrenz und entsprechend die Unsicherheit, welche der konkurrierenden Formen die vermeintlich bessere ist.

Im Jahr 1986 trat die bayerische Sängerin Niki mit dem Lied *Wegen Dir* laut Bastian Sick eine wahrhaftige Lawine los. Denn, so Sick, »in den neunziger Jahren erschienen immer mehr Lieder und CDs, die ›Wegen dir‹ im Titel führten«, an Stelle von »Deinetwegen«, wie immerhin noch Udo Jürgens »richtig« sang. Zu Beginn des ersten Bandes von *Der Dativ ist dem Genitiv sein Tod* erklärt Sick, dass die

Bayern den Dativ lieben »wie das Weißbier und die Blasmusik. Daher verzieh man der Sängerin auch gerne den dritten Kasus im Zusammenhang mit dem Wörtchen ›wegen‹.«

Der Gebrauch von Dativ nach Präpositionen wie *wegen* ist also vermeintlich falsch und der Genitiv an dieser Stelle seit den 1990er Jahren auf dem Rückzug. Diese Entwicklungstendenz ist aber schon sehr viel länger zu beobachten. Bereits seit dem 18. Jahrhundert ist der Gebrauch von Genitiv bzw. Dativ nach *wegen* und anderen Präpositionen ein Thema in Grammatiken, und wenn sich Grammatiker die Mühe machen, so etwas zu erwähnen, dann darf man getrost davon ausgehen, dass sie sich mit einem tatsächlichen Trend im Sprachgebrauch auseinandersetzen, wie dies auch Belegstellen in Werken philosophischer und literarischer Schriftsteller des 17. bis 19. Jahrhunderts zeigen:

> Zuletzt wird dieser Dieb durch einen alten Pastor bekehrt, der wegen seinem Arminianismus abgesetzt worden war. (Leibniz, Die Theodizee)

> Also beschied er ihn in den roten Adler nach Neuwied, wo er wegen einem Geschäft durchreiste.
> (Hebel, Die Bekehrung)

> Hören konnte er nichts wegen dem Tosen des eigenen Wassers. (Stifter, Studien)

> Es ist aber auch nicht wegen dem allein.
> (Storm, Die Regentrude)

Sind also die Bayern schuld? Dafür gibt es keine Anzeichen. Im Gegenteil: Nach einer Internetumfrage von 2002 sieht es so aus, als sage man in allen deutschsprachigen Gebieten in der Alltagssprache neben *wegen des* auch *wegen dem*.

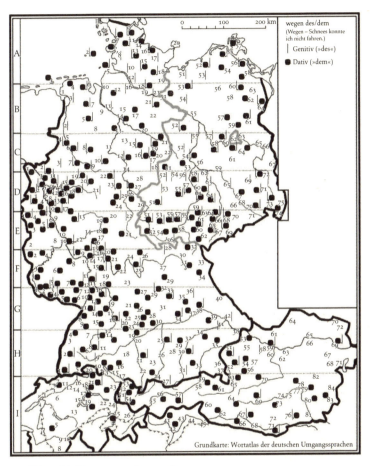

Abb. 7: Die Kasusverwendung nach *wegen*

Verdrängt also der Dativ nach Präpositionen den Genitiv? Das kommt darauf an: In der Alltagssprache trifft dies gewiss zu, denn da neigen die Sprecher des Deutschen schon seit jeher dazu, Kasusendungen bei Substantiven abzubauen, da sie ja tatsächlich oft überflüssig sind. Wir verstehen, warum jemand einen Schirm mitnimmt, unabhängig davon, ob er *wegen dem Regen* oder *wegen des Regens* sagt. Es gibt kaum Fälle, in denen irgendein Sachverhalt deutlicher werden würde, wenn man statt dem Genitiv nach einer Präposition einen Dativ benutzt. Manchmal – das hat Sick den Grammatiken richtig entnommen – ist es sogar schriftsprachlich erlaubt, auf das Genitiv-s zu verzichten, etwa dann, wenn das nachfolgende Substantiv ohne Begleiter steht, zum Beispiel *wegen Umbau geschlossen*.

Gleichwohl wird der Genitiv auf absehbare Zeit nicht aussterben: Es gibt nämlich in der Schriftsprache Präpositionen, die kaum jemand jemals mit Dativ benutzen würde, etwa *hinsichtlich, angesichts, betreffs* etc. Bei diesen Beispielen handelt es sich aber auch um Präpositionen, die niemand in der gesprochenen Alltagssprache verwenden würde, sondern die vor allem im Bereich der schriftlichen Verwaltungs- und Fachsprachen üblich sind.

»Anfang dieses Jahres« oder »Anfang diesen Jahres«?

Betrachten wir den nächsten Fall, der für viele ein wirklicher Zweifelsfall ist. Sick überschreibt die entsprechende Glosse mit »Das Verflixte ›dieses Jahres‹« – und macht unmissverständlich deutlich, dass es für ihn nur eine richtige Form des Ausdrucks geben kann: *Anfang dieses Jahres*. Man hört aber nicht nur ständig die Alternativform *Anfang diesen Jahres*, sondern kann sie auch häufig zu lesen bekommen. Sick liest sie – ob man das glauben darf oder nicht – vor allem in der

Sächsischen Zeitung und fragt sich, ob das denn wohl der sächsische Genitiv sei. Dieses ist eines der Beispiele, die der Potsdamer Sprachwissenschaftler Peter Eisenberg in einem Beitrag über den *Zwiebelfisch* in der *Süddeutschen Zeitung* vom 11. November 2006 aufgreift. Er erklärt darin, warum *Anfang diesen Jahres* eine grammatisch wohlgeformte Konstruktion ist – und wird für diese Aussage sofort von vielen Leserbriefschreibern heftig gescholten. Walter Satzinger aus Amerang etwa schrieb an die *Süddeutsche Zeitung* vom 16. Dezember 2006, das sei doch eine »Fröhliche (Sprach-) Wissenschaft!« Der »Emeritus Eisenberg« wolle sich »wohl einen Witz mit uns machen«, »indem er uns belehrt, dass man zu Recht ›diesen Sommers‹ sage anstatt ›dieses Sommers‹«. Man solle also noch weiter gehen und »nicht nur vom Anfang diesen Sommers oder diesen Jahres« sprechen, »sondern auch vom Dach diesen Hauses, der Farbe diesen Autos und dem Haar diesen Kindes!« Sick begründet in seinem ersten Band ähnlich, warum die Regel eindeutig sein soll, man spreche ja »auch nicht vom ›Zauber diesen Augenblicks‹ oder vom ›Ende diesen Liedes‹, und ebenso wenig war Maria ›die Mutter diesen Kindes‹«. Er führt also das gleiche Argument an wie der Leserbriefschreiber – das zunächst auch einleuchtend zu sein scheint. Am Ende des Kapitels folgt dann noch eine Deklinationstabelle, die keinen Zweifel mehr aufkommen lassen soll:

	männlich	*weiblich*	*sächlich*
Nom.	dieser Mann	diese Frau	dieses Jahr
Gen.	dieses Mannes	dieser Frau	dieses Jahres
Dat.	diesem Mann(e)	dieser Frau	diesem Jahr(e)
Akk.	diesen Mann	diese Frau	dieses Jahr

So weit, so gut. Aber wenn so viele Menschen in diesem Zusammenhang einen Fehler machen, sollte man sich Gedanken darüber machen, warum dies so ist. Vorausgesetzt, dass es gute Gründe für die Verwendung einer vermeintlich unkorrekten Form gibt, könnte es sein, dass sich diese Form gegenüber der vermeintlich korrekten irgendwann einmal durchsetzen wird. Betrachten wir also den Fall etwas genauer: Die Wendungen *Ende diesen Liedes* oder *der Mutter diesen Kindes* würde in der Tat kaum jemand verwenden. Gibt man *diesen Liedes* oder *diesen Kindes* bei *Google* ein, dann erhält man weniger als 1 % der Treffer für Bildungen mit *diesen*. Bei *diesen Jahres* gegenüber *dieses Jahres* sah es dagegen bei einer Abfrage im Mai 2006 ganz anders aus:

dieses Jahres   1 640 000   (54,7 %)
diesen Jahres   1 360 000   (45,3 %)

Hier haben wir also annähernd so viele vermeintlich falsche wie vermeintlich richtige Bildungen. Um vorschnellen Schlüssen vorzubeugen: Eine solche Abfrage stellt noch keine wissenschaftliche Untersuchung dar; *Google*-Treffer vermitteln jedoch häufig schon einen ersten Eindruck von den tatsächlichen Sprachgebrauchsverhältnissen.

Folgende Erklärung könnte weiterhelfen: *Dieser/diese/dieses* ist üblicherweise ein Demonstrativpronomen; der Genitiv Maskulinum und Neutrum lautet eindeutig *dieses*. In Verbindungen wie *Anfang dieses Jahres* oder *Ende dieses Jahres* steht das Wort *dieses* aber an einer Stelle, wo auch *vergangenen* oder *nächsten* stehen könnte. Das Wort *dieses* steht also dort, wo sonst auch Adjektive mit der Endung *-en* zu finden sind. Nun könnte man sich fragen: Warum sollte *diesen* hier nicht auch ein Adjektiv sein, und zwar in der Bedeutung ›diesjährigen‹? *Anfang diesjährigen Jahres* sagt kein Mensch, aber wenn man den Ausdruck verwenden würde, dann mit einem *-en* am Ende (in Österreich könnte man immerhin noch *Ende heurigen Jahres* sagen und schreiben: »Insgesamt werden damit bis Ende heurigen Jahres 14,2 Millionen Euro eingespart [...]«, so etwa *Kleine Zeitung* aus Graz vom 8. Januar 2008). Wird *diesen* also as Adjektiv verwendet und sieht nur zufälligerweise noch wie ein Demonstrativpronomen aus, dann ist an der Form *diesen Jahres* überhaupt nichts auszusetzen – sie ist völlig korrekt gebildet. Damit ist hier also auch kein Genitiv gestorben, sondern hat der Genitiv nur eine andere Form, die analog zu anderen Genitivformen gebildet wurde. Solche Analogiebildungen kennen wir etwa vom Adverb *nachts*, das aus *des Nachts* gebildet wurde: Der Genitiv von *die Nacht* aber müsste *der Nacht* heißen – da ist kein Genitiv-*s* zu beobachten, das -*s* wurde wohl übernommen von ähnlichen Formen wie *des Morgens*, *des Abends* oder *des Mittags*, die wir inzwischen zu *morgens*, *abends* und *mittags* gekürzt haben und bei denen wir gar nicht mehr bemerken, dass es sich ursprünglich um Genitivformen handelt.

»Der Dativ ist dem Genitiv sein Tod«?

Das folgende Beispiel ist ein weiteres Gegenbeispiel und behandelt eine Konstruktion, in der sich der Dativ gerade nicht gegenüber Konstruktionen mit Genitiv wie *Der Dativ ist der Tod des Genitivs* durchsetzt. Man nennt entsprechende Konstruktionen wie zum Beispiel *der Königin ihr Kind* »possessiver Dativ«. In der *Duden*-Grammatik von 2005 ist zu lesen, dass diese Konstruktion »seit langem im gesamten deutschen Sprachraum nachweisbar« sei, »eigenartigerweise bisher aber nicht in die deutsche Standardsprache aufgenommen wurde«. Obwohl das erste Kapitel des Buches von Herrn Sick diese Konstruktion im Titel führt, geht dieser gar nicht auf sie ein. Außerdem würde man eine Konstruktion wie *Der Dativ ist dem Genitiv sein Tod* überhaupt nicht so verwenden. Schauen wir uns an zwei Beispielen an, wie eine Konstruktion mit possessivem Dativ aufgebaut ist:

Possessiver Dativ:
der Königin   ihr   Kind   (aus: *Rumpel-*
                                    stilzchen)
dem König Xutho   sein   Haus   (aus: Fischart,
                                    Geschichtsklitterung)

Zunächst wird der Possessor, also der Besitzer, genannt (*dem König Xutho, der Königin*). Dieser steht im Dativ. Wenn der Possessor ein Substantiv oder ein Name ist, steht gewöhnlich der bestimmte Artikel davor (*der Königin, dem König Xutho*). Auf diesen folgt ein Possessivpronomen (*ihr, sein*) und dann ein Substantiv, nämlich das, was man hat oder besitzt (*Kind, Haus*).

So ergibt sich eine ganz wunderbare Konstruktion, weil man auch immer noch einen Possessor anhängen kann, wie man an dem einige Jahre zurückliegenden Wahlkampfslogan *Ich wähle Doris' ihren Mann seine Partei* sieht. Als Possessor taucht aber üblicherweise immer etwas Menschliches auf, ein Possessor wie *dem Genitiv* ist an dieser Stelle völlig ungebräuchlich. Kurzum: was als Aufhänger von drei gut verkauften Büchern dient, sagt so kein Mensch.

Abgesehen davon, dass es *dem Genitiv sein Tod* also im Grunde gar nicht gibt, könnten die dort vertretenen populären Ansichten über den Rückgang des Genitivs in dreierlei Hinsicht korrigiert werden. So ist erstens der Genitiv noch nicht tot, und er wird es in absehbarer Zeit auch nicht sein. Gegenwartsorientierte Deutschlehrer sind sicher froh, dass sie heute nicht genitivische Ungetüme wie dasjenige lehren müssen, das vor knapp vierhundert Jahren der Augsburger Drucker Andreas Amperger setzte:

»[...] Relation, Dessen zu Leute=mischel in Böhmen / durch einführung eines Calvinischen Pręedicanten, gar jüngst begebenen Tumults [...]«

Zwar sind auch durchaus moderatere Formen und Funktionen zu beobachten, in denen der Genitiv heute veraltet ist und nicht mehr benutzt wird (*ohne des Umstandes zu bedenken, eine Tasse Kaffees*). Aber es ist ebenso nachgewiesen, dass es Formen und Funktionen des Genitivs gibt, die stabil bleiben (*Peters Auto, das Haus des Onkels*) sowie andere, die sogar zunehmen (*Berlins Bürgermeister, Deutschlands Superstar*).

Zweitens ist nicht an jedem partiellen Absterben des Genitivs der Dativ schuld. Kein Kasus kann den anderen umbringen, zurückdrängen, übertölpeln oder dergleichen, sondern es stecken immer Menschen dahinter, die aus bestimmten Gründen bestimmte Dinge tun – auch mit und durch Sprache.

Werden drittens Wertungen wie »Sprachverfall« benutzt, sollte man das, was in Gefahr ist zu verfallen, möglichst genau benennen. Im Fall des Genitivs beispielsweise sollte nicht nur deutlich gemacht werden, um welche Genitive es geht, sondern es sollte auch zwischen Schriftsprache und gesprochener Alltagssprache unterschieden werden. Das haben Sprachwissenschaftler schon vor mehr als hundert Jahren getan, etwa Otto Behaghel, der im Jahr 1900 schrieb:

> So kann es sich ereignen, daß in der *Schriftsprache* Erscheinungen festgehalten werden, die vielleicht schon seit Jahrhunderten in der lebendigen Sprache ausgestorben sind. Wir haben Grund zu der Annahme, daß der Genitiv in der Mundart des Volkes schon zu Anfang des Neuhochdeutschen der Hauptsache nach untergegangen

war; in unserer heutigen *Schriftsprache* steht er noch da ohne jedes Zeichen des Verfalls. In manchen Gegenden Deutschlands ist es geradezu ein schwieriges Ding, einen Nebensatz aufzutreiben mit einem Beispiel des Konjunktivs, und die Umgangssprache teilt im Ganzen diese Sparsamkeit, während er in der Schriftsprache blüht und gedeiht, gehätschelt von vergangenheitsfreudigen Sprachlehrern.

Auf diese Unterscheidung weisen Deutschlehrerinnen und Deutschlehrer natürlich auch täglich im Unterricht hin. Sie machen klar, dass in der Schriftsprache nicht alles das angebracht ist, was in der gesprochenen Sprache gefordert wird. *Dem Basti sein Zeugnis* kann man ruhig sagen, man sollte es aber – außer in Anführungsstrichen – nicht schreiben, da diese Form eben nicht als schriftsprachlich korrekt gilt und man sich Nachteile einhandeln könnte, wenn man ein Bewerbungsschreiben etwa mit den Worten beginnt: *Meinem Berufsberater seinem Rat folgend bewerbe ich mich hiermit auf die ausgeschriebene Stelle …*
Man könnte nun einwenden, dass man mit den Werken von Herrn Sick nicht so hart ins Gericht gehen solle, denn man könne an solche Unterhaltungsliteratur ja nicht die Maßstäbe anlegen, die für wissenschaftliche Grammatiken gelten. Diesen Vorwurf kann und darf man tatsächlich nicht machen. Ein Problem besteht aber darin, dass der *Zwiebelfisch* und seine Bücher mittlerweile nicht mehr nur als reine Unterhaltungsliteratur verstanden werden. Inzwischen finden sich Sicks Bücher auf Literaturlisten für Examensprüfungen – und zwar nicht im Themenbereich Sprachkritik, sondern im Themenbereich Grammatik. Und das ist noch nicht alles: Darf man einem Bericht des *Spiegel* trauen, so werden Sicks Bücher und Kolumnen inzwischen auch direkt im Schulunterricht eingesetzt. Im Saarland etwa ist *Der Da-*

Wenn die Katze zu dick ist

"Warum hat mich denn Minka heute nicht geweckt?", dachte ich verwundert und rieb mir verschlafen die Augen. Sonst kam meine Katze Minka jeden Sonntagmorgen an mein Bett und weckte mich, indem sie mit ihrer Pfote behutsam über mein Gesicht strich. Aber heute hatte mich Minka nicht begrüßt.

Das war ungewöhnlich. Über Nacht blieb unsere Katze eigentlich nie draußen. "Hoffentlich ist ihr nichts passiert", murmelte ich leise vor mich hin und beschloss, im Garten nach ihr zu suchen.

"Minka! Minka, wo bist du?", rief ich immer wieder. Doch ich bekam keine Antwort in der Minka-Sprache. Nun versuchte ich es mit einer Methode, die bisher immer geklappt hatte. Ich trommelte mit den Fingern an Minkas Futternapf und lockte: "Minka! Fresschen!" Minka kam nicht. Jetzt wurde ich allmählich unruhig. Angespannt lauschte ich in alle Richtungen. Nichts war zu hören.

Doch da! Klang das nicht wie ein leises Miauen? Schnell eilte ich zu der Stelle, wo ich Minka zu hören glaubte. Das Miauen wurde tatsächlich lauter. Es kam vom Nachbargrundstück und hörte sich seltsam dumpf an. Aufgeregt rannte ich in den Nachbargarten hinüber. Wieder ertönte das dumpfe Miauen, aber ich konnte Minka einfach nicht finden. Ich suchte überall, hinter Büschen und sogar hinter einem Stapel von Metallrohren, die der Nachbar im Garten gelagert hatte. Da ahnte ich auf einmal, was passiert war: "Die Rohre! Minka steckt fest!" Wieso war ich da nicht schon vorher drauf gekommen? Hastig blickte ich in eine Röhre nach der anderen. Plötzlich leuchteten mir aus dem dunklen Röhreninneren Katzenaugen entgegen. "Minka! Endlich habe ich dich gefunden", seufzte ich.

Aber gleich darauf wurde mir klar, dass Minka ja noch nicht gerettet war. Ich musste sie befreien. "Wie bekomme ich dich da nur heraus?", dachte ich verzweifelt. Minkas Miauen wurde immer klagender. Ich musste schnellstens etwas unternehmen. "Der Nachbar! Er kann mir vielleicht helfen", fiel es mir ein. Sofort lief ich zur Haustür, läutete Sturm und schilderte dem verdutzten Nachbarn Minkas Notlage. Er dachte kurz nach und erklärte mir: "Wir müssen das Rohr mit einer Eisensäge abschneiden." Schnell holte er eine solche Säge. Ganz vorsichtig begann er zu sägen. Ich bangte um Minka und hatte nur den einen Gedanken: "Hoffentlich verletzt er sie nicht!" Meine Hände waren schon ganz feucht. Am liebsten hätte ich mir die Ohren zugehalten, denn ich konnte Minkas verzweifeltes Miauen kaum noch ertragen.

"Jetzt ist es gleich so weit. Es wird schon gutgehen", beruhigte mich der Nachbar. Behutsam machte er die letzten Sägebewegungen. "Jetzt fass mal mit an!", trug er mir auf. Gemeinsam entfernten wir das abgesägte Rohrstück. Minkas Kopf war frei. Zuerst schaute sie ganz verdutzt, dann stemmte sie die Pfoten gegen den Rohrrand und ruckelte kräftig mit dem Körper hin und her.

Ein kleines Stückchen noch – und da war sie draußen. Erschöpft ließ sie sich auf den Boden plumpsen. Voller Erleichterung nahm ich sie in den Arm und drückte sie fest an mich. "Minka, ich habe dir immer gesagt, du bist zu dick. Das hast du nun davon", ermahnte ich sie scherzhaft, als ich sie in unser Haus trug. Aber ich war so froh, dass Minka gerettet war, und häufte ihr deshalb eine Riesenportion Futter in ihren Napf. "Lieber eine dicke Minka als keine Minka", sagte ich mir.

4 a) Begründet, warum die Jury diese Geschichte für gelungen hält.
b) Beschreibt den Aufbau der Geschichte. Zeichnet den Spannungsverlauf der Geschichte in Form einer „Spannungskurve".

Abb. 8: »Wenn die Katze zu dick ist«

tiv ist dem Genitiv sein Tod im Schuljahr 2005 in den Kanon der Pflichtlektüre für das Abitur aufgenommen worden. Diese Bücher werden aber vermutlich nicht als Beispiel dafür ausgewählt, wie man Sprachkritik oder Sprachpflege eben nicht betreiben sollte.

Der *Zwiebelfisch* unterhält – zweifellos. Doch wird er über den bloßen Unterhaltungswert hinaus überhaupt etwas nützen können? Ist die deutsche Sprache also ein Irrgarten, und wird der *Zwiebelfisch* uns helfen, aus dem Irrgarten herauszufinden? Schauen wir uns an, wie es seinen Vorgängern ergangen ist: Gustav Wustmanns Buch *Sprachdummheiten* etwa hat bis 1966 vierzehn Auflagen erlebt. Jedoch schon im Vorwort zur dritten Auflage von 1903 beklagte sich der Autor (von Beruf Stadtbibliothekar in Leipzig):

Mein Buch hat zwar großen äußeren Erfolg gehabt, aber doch eigentlich wenig genützt […] Fehler und Geschmacklosigkeiten, auf die ich vor zwölf Jahren als neu auftauchende hingewiesen habe, haben sich inzwischen festgesetzt und werden schwerlich zu beseitigen sein.

Wustmann musste einsehen, dass sich der Sprachwandel kaum steuern lässt.

Erzählt wird im Präteritum

Die Geschichte Hans Castorps, die wir erzählen wollen [...], diese Geschichte ist sehr lange her, sie ist sozusagen schon ganz mit historischem Edelrost überzogen und unbedingt in der Zeitform der tiefsten Vergangenheit vorzutragen.

Der Erzähler in Thomas Manns *Der Zauberberg* gibt es vor, und niemand würde im Angesicht dieses berühmten Romananfangs widersprechen wollen – das Vorübergegangene, lateinisch *praeteritum*, ist auch in ebendiesem Tempus zu erzählen: So lernt man es bereits in der Schule. Was bedeutet nun aber ›erzählen‹? Ein Lexikon für Deutschlehrer bezeichnet als »Erzählen« diejenige »sprachliche Darstellungsform, die auf eine anschauliche und lebendige Gestaltung von Ereignissen (Erlebnissen, Erinnerungen, Erfahrungen) zielt«. Es geht somit beim Erzählen um Erlebtes, Erinnertes, Erfahrenes. Und das alles zeichnet sich dadurch aus, dass es vergangen ist, dass die Sachverhalte zeitlich hinter der Erzählsituation zurückliegen. Erzählt wird offenbar und mit guten Gründen durchaus im Präteritum.

Die Erzählmaus

Im folgenden sollen einige Blicke auf die Erlebniserzählung als Aufsatzart geworfen werden. Dabei soll es nicht nur um das Erzähltempus gehen, aber es wird darauf zurückzukommen sein. Wie sieht so eine Erlebniserzählung mustergültig aus? Im *Deutschbuch 5*, einem Lehrbuch für die fünfte Klasse des bayerischen Gymnasiums, findet sich der Beispieltext »Wenn die Katze zu dick ist« (S. 58):

Mustergültig erfüllt dieser Text die Merkmale der schulischen Erlebniserzählung. In einer Einleitung werden Ort, Zeit und Umstände genannt: Eines Sonntagmorgens ist die Katze Minka aus Haus und Garten spurlos verschwunden. Im Hauptteil beschreiben verschiedene Erzählschritte Stationen der Suche und eine wachsende emotionale Anspannung der Erzählerin. Den (vermeintlichen!) Handlungshöhepunkt bildet die Befreiung der Katze aus einem Metallrohr, in dem sie feststeckt: Das erzählende Ich »bangt«, Hände werden feucht, der Nachbar sägt, die Katze »miaut verzweifelt«. Ein rascher Schluss bringt die Auflösung: Minka ist befreit, die Erzählerin ist glücklich.

Es lassen sich, in steigernder Reihenfolge, aber fünf gute Gründe dafür anführen, warum dieser Musteraufsatz seine Tücken hat. Erstens ist zu bezweifeln, dass selbst schreibgewandte Fünftklässler überhaupt in der Lage sind, einen Text dieser Länge und auf diesem Formulierungsniveau zu produzieren. Schauen wir uns einige Textstellen an:

> Sonst kam meine Katze jeden Sonntagmorgen an mein Bett und weckte mich, indem sie mit ihrer Pfote behutsam über mein Gesicht strich. (Z. 3–6)

> Schnell eilte ich zu der Stelle, wo ich Minka zu hören glaubte. (Z. 24–25)

> Behutsam machte er die letzten Sägebewegungen. »Jetzt fass mal mit an!«, trug er mir auf. (Z. 60–62)

Zweitens stellt sich die Frage, ob dieses Lehrwerk hier nicht vorrangig Kinder bedient, deren sozialer Hintergrund ein Eigenheim mit Garten, Katze und netten und sogleich sägebereiten Nachbarn beinhaltet. Wie und wo kommen Kinder aus der 7. Etage einer Wohnanlage mit Haustierverbot eigentlich zu einem solchen Tiererlebnis? Drittens erscheint die Handlungslogik dieser Erzählung nicht recht schlüssig: Ist eine Katze tatsächlich unbeholfen genug, sich selbst in einem Metallrohr festzusetzen? Und wenn ja, wäre ihr klagendes Miauen in der vorangegangenen stillen Nacht nicht viel eher registriert worden als am lauten Tag? Was ist mit dem Nachbarn? Der ist erstens zu Hause, hat zweitens auch sogleich eine Metallsäge zur Hand und ist drittens ohne weiteres gewillt, wegen der Katze eines seiner Metallrohre zu zerstören. Der vierte Vorbehalt betrifft die »Spannungskurve«, die gemäß Aufgabe b) nachgezeichnet werden soll. Schulmäßig hat diese Spannungskurve die Form der sogenannten Erzählmaus mit Einleitung, Hauptteil samt Erzählschritten und Höhepunkt sowie dem Schluss. So sieht sie aus:

Der Aufbau einer Erlebniserzählung

Eine **Erlebniserzählung** gliedert sich in drei Teile: **Einleitung, Hauptteil** und **Schluss**. Im Hauptteil führen mehrere **Erzählschritte** zum **Höhepunkt** hin. Zeichnet man den Aufbau der Geschichte nach, entsteht die so genannte „**Spannungsmaus**".

3. Erzählschritt
2. Erzählschritt
1. Erzählschritt

Erzählschritte steigern die Spannung und bereiten den **Höhepunkt** vor.

Der **Höhepunkt** ist der Kern der Geschichte und wird besonders lebendig und anschaulich erzählt.

Die **Einleitung** führt zum Geschehen hin.

Der **Hauptteil** besteht aus mindestens zwei Erzählschritten und dem **Höhepunkt**.

Der **Schluss** rundet die Geschichte ab.

Abb. 9: Die Erzählmaus

Man kann in der Erzählung »Wenn die Katze zu dick ist« diese dramaturgische Vorgabe wiedererkennen. Man kann allerdings bezweifeln, dass dieses Muster des Textes auch der Struktur des Erlebnisses entspricht. Vielmehr ist anzunehmen, dass die Erzählnorm der Mauskurve hier dem Erleben selbst widerspricht. Zur Erläuterung: Was war wohl für den Katzensucher oder die Katzensucherin der intensivste Moment in diesem Erlebnis? Der Sonntagmorgen ist da; die Katze ist weg, nicht einmal auf den Futterruf reagiert sie. In dieser Situation ist gewiss die Entdeckung der Katze in dem Rohr der emotionale Höhepunkt, denn sie bereitet aller Sorge ein erleichterndes Ende. Warum das Heraussägen der Katze den Höhepunkt dieser Erzählung ausmachen soll, leuchtet hingegen wenig ein. Wir unterstellen, dass eine Eisensäge tatsächlich Metall sägt; wir unterstellen weiter, dass der Nachbar kein Katzen zersägender Psychopath ist. Wozu ist dann aber im Text von fortgesetzter Verzweiflung, Bangigkeit und feuchten Händen die Rede? Es scheint, der Text bauscht klischeehaft eine emotionale Intensität auf, die dem Erleben gar nicht entspricht.

Was vor allem aber fragwürdig scheint, ist, dass mit Mustertexten wie diesem ein schematisiertes und reduziertes Erzählmuster zum Inbegriff des Erzählens selbst erhoben wird. Inwiefern kann man von einem reduzierten Erzählmuster sprechen?

Erstens ist die Erzähldramaturgie deutlich erkennbar aus der Theorie des geschlossenen Dramas abgeleitet. Die Mauskurve weist eine große Nähe zu der Dreiecksfigur auf, mit der Gustav Freytag Mitte des 19. Jahrhunderts die Idealstruktur des klassischen Dramas beschrieb. Die Mauskurve ähnelt aber auch dem Plotmuster des typischen Hollywoodfilms. Wir müssen im Detail nicht darauf eingehen, es genügt ein Überblick.

Zweitens ist der Automatismus des dramatischen Höhe-

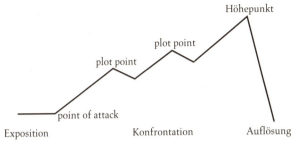

Abb. 10: Plotmuster des Hollywoodfilms

punkts künstlich und erzeugt fast immer sprachliche Klischees und Banalitäten. In typischen Schüleraufsätzen heißt es auf dem Weg zum Höhepunkt gerne: »Gesagt, getan!« oder, wie in unserem Text, »Doch da!« Am Höhepunkt selbst gibt es bevorzugt »rasende Herzen«, »schlotternde Knie« oder, so wie hier, »feuchte Hände«. Am Ende ist man dann gerne »noch einmal davongekommen«, hat man »noch mal Glück gehabt« und wird »dieses Erlebnis nicht so schnell vergessen«. Mit ihrer Höhepunkt- und Sensationsdramaturgie übt die schulmäßige Erlebniserzählung genau solche Muster ein, die in der Trivialliteratur üblich sind und die der Literaturunterricht eigentlich als billig und banal brandmarkt.

Das Stichwort »Literatur« bringt uns nun zur Kernfrage zurück, nämlich der Frage nach dem Erzähltempus. Unser Beispieltext steht im Präteritum und verzichtet sogar am Handlungshöhepunkt auf das dort in der Regel gestattete szenische Präsens. Das *Deutschbuch* sagt an drei verschiedenen Stellen: »Erzähle im Präteritum!«; begründet wird diese Vorgabe aber nicht. Wie berechtigt ist sie eigentlich?

Ohne Zweifel liegt es nahe, sich mit dem Tempus Präteritum sprachlich auf vergangene Erlebnisse zu beziehen. Es liegt nahe, es ist aber nicht zwingend. Schauen wir uns eine tatsächliche Schüler-Arbeit aus einer fünften Klasse an:

Die Strafarbeit

Marion sammelt Aufkleber. Sie braucht dringend welche. Steffi hat neue dabei. Der Austausch ist in der Deutschstunde, heimlich unter der Bank. Plötzlich fällt aber das Heft mit den Aufklebern herunter. Der Lehrer erwischt sie und sie bekommt eine Strafarbeit. Marion ist sauer. Auch ihr Käsebrot schmeckt ihr jetzt nicht mehr. Lilli wollte dann wissen, was passiert ist. Am Ende hat Marion auch noch den Bus verpasst.

(Zit. nach Ina Karg)

Der Korrektor dieses Aufsatzes moniert den nicht ausgestalteten Höhepunkt. Aber gerade dieser Text zeigt, dass nicht alles Erlebte in die Mauskurve passt. Marions »Erlebnis« ist letztlich der ganze verkorkste Tag. Des weiteren mahnt der Lehrer die »Zeitstufe der Vergangenheit« an. Abgesehen davon, dass Zeitstufe nicht gleich Tempus ist (der Satz *Morgen gehe ich ins Kino* steht im Tempus Präsens, er referiert aber auf die Zukunft), stellt sich die Frage, ob man das Präteritum immer zwingend benötigt, um sich auf die Vergangenheit zu beziehen. Die Schreiberin verwendet drei Tempora: überwiegend das Präsens, am Ende einmal das Präteritum (»Lilli wollte wissen ...«) und das Perfekt (»... hat Marion auch noch den Bus verpasst«). Sonderlich gelungen ist das, wie der Text insgesamt, nicht. Man könnte ihn aber problemlos in eine ansprechende Erzählung im Präsens umarbeiten. Für die Annahme, dass man auch im Präsens tadellos erzählen kann, lassen sich eindrucksvolle Belege anführen – allen voran genau aus dem *Deutschbuch*, welches den Kindern wiederholt einschärft, im Präteritum zu erzählen. Das *Deutschbuch* präsentiert drei literarische Tiergeschichten. Eine davon ist *Die Schildkröte* von Joseph Maria Lutz. Der Text beginnt, man höre und staune, so:

Die Spätsommersonne schenkt ihre milde Gnade einem Nachmittag. Still und selig leuchten die Dahlien in den Gärten und in den Anlagen. Auf den Bänken sitzen die alten Leute und bewundern die bunte Pracht. Auf einem Kiesweg her, der sich gemächlich durch eine Anlagenwiese schlängelt, kommt eine Frau gegangen. Fürsorglich trägt sie etwas auf ihrem Arm – eine Schildkröte.

Erzählen ohne Präteritum

Verlassen wir das *Deutschbuch* und sehen uns ein wenig in der richtigen Literatur um: In dem Roman *Überleben* aus dem Jahr 2005 erzählt die renommierte Kinder- und Jugendliteraturautorin Gudrun Pausewang eine Flüchtlingsgeschichte – im Präsens. Das Erzähltempus im Roman *Marsmädchen* von Tamara Bach, der 2003 mit dem Deutschen Kinder- und Jugendliteraturpreis ausgezeichnet wurde, ist – das Präsens. Alexa Hennig von Langes Adoleszenzroman *Ich habe einfach Glück* aus dem Jahr 2002 taucht uns ein in die schräge, prekäre und doch unendlich komische Erlebniswelt der fünfzehnjährigen Lelle – und zwar durchgehend im Präsens. Oder lesen wir hinein in den sensationellen Romanerfolg von Nick McDonnell aus dem Jahr 2002. Der Roman *Zwölf* endet so:

> Aber er weiß, dass er rauskommen soll, und das tut er auch, doch nicht mit erhobenen Händen. Er geht um sich feuernd nach draußen und wird erschossen, bevor er drei Schritte zur Tür raus ist.

Für diejenigen, denen ein siebzehnjähriger Pop-Autor zu modern oder zu weit gegriffen ist, hier ein anderes Textbeispiel:

> Zum Schluss taucht, mit seinen Habseligkeiten, im Rahmen der Wagentür das zwanzigste kleine Mädchen auf [...] und klettert, ruhig und sicher, das Trittbrett herab. Unten blickt sie verlegen lächelnd in die Runde. Plötzlich macht sie große, erstaunte Augen. Sie starrt Luise an! Nun reißt auch Luise die Augen auf. Erschrocken blickt sie der Neuen ins Gesicht!

Im lupenreinen Präsens zeigt sich Erich Kästners *Das doppelte Lottchen*! Die Beispiele demonstrieren: Ganz offensichtlich gibt es literarische Texte in nicht unerheblicher Zahl, deren Autoren nicht im Präteritum, sondern im Präsens erzählen.

Es ist zwar noch nicht empirisch bewiesen, aber der Eindruck drängt sich auf, dass sich das Präsens neuerdings als Erzähltempus sogar immer weiter ausbreitet. Vorausgesetzt, diese These stimmt: Wie lässt sich das Phänomen erklären? Hier eine begründete Spekulation: Die Verbreitung des Erzähltempus Präsens ist auf einen durch unsere Medienkultur herbeigeführten Erfahrungs- und Mentalitätswandel zurückzuführen. Prägend für diesen Wandel ist zum einen die Zunahme mündlicher Kommunikation: Man denke an die Mobiltelefone, an Sprachcomputer in Service-Hotlines, an Audio-Guides in Museen oder an Hörbücher. In vielen Situationen, in denen wir früher lesen mussten (oder konnten), müssen (oder können) wir heute sprechen und hören. Zum anderen beherrschen die bilddominierten Medienangebote – Fernsehen, Kino, Computer, Internet – den Markt. Bild-Erlebnisse prägen unsere Lebenswelt heute weitaus stärker als Leseerfahrungen.

Beide Phänomene aber, sowohl das Mündliche als auch das Visuelle, sind sozusagen etwas »Präsentisches«. Einen schriftlichen Text kann man einstecken, mit nach Hause nehmen, nach Belieben lesen; ein mündlicher Text hingegen verläuft stets in der unmittelbaren Gegenwart von Sprechern und Zuhörern. Ähnlich ist dies mit audiovisuellen Medien. Der Medienwissenschaftler Knut Hickethier führte aus, den audiovisuellen Medien sei eine »präsentische Grundform eigen, die sie vom rein sprachlichen Erzählen unterscheidet«, denn die »Gegenwart der Wahrnehmung durch den Zuschauer ist auch die Gegenwart der Figuren«. Man könnte also vermuten, dass literarische Texte, wenn und indem sie im Präsens erzählen, anzudocken versuchen an die Präsenz auditiver und visueller Medienerfahrungen. Damit hätten wir das Phänomen des sich ausbreitenden Präsens als Erzähltempus möglicherweise erklärt. Wir haben es aber noch nicht bewertet.

Das Erzählen im Präteritum, vor allem das schriftliche, stellt weit mehr als eine schulische Schreibübung dar. Es ist eine kulturelle Praxis, die sowohl für das Individuum als auch für die Gesellschaft insgesamt wichtig ist. Das Individuum versichert sich im Erzählen seines eigenen Da-Seins. Im Erzählen werden Erlebnisse bzw. Erinnerungen vergegenwärtigt, geordnet, aufbewahrt und in die Gegenwart mit hinübergenommen. Insofern hilft Erzählen dem Individuum, die Kontinuität seiner Biographie und die Konsistenz seiner Identität zu sichern. Für Gesellschaften fungieren Erzählungen als kulturelles Gedächtnis, als Konstituenten eines historischen Bewusstseins. Wollen wir erschließen, was eine bestimmte Gesellschaft an einem bestimmten historischen Punkt bewegt hat, sollten wir auch ihre Erzählungen lesen. Und hier sind ›Erzählungen‹ und ›lesen‹ in einem weiten Sinn gemeint: Einbezogen werden der *Simplicissimus* von Grimmelshausen, der *Werther* von Goethe, der *Zauberberg* von Thomas Mann, aber ebenso Spielfilme wie Sönke Wortmanns *Das Wunder von Bern* aus dem Jahr 2003 oder eine Serie wie die *Lindenstraße*, denn diese alle sind Speichermedien unseres kulturellen Gedächtnisses.

Setzt man also voraus, dass das Erzählen diese wichtigen Funktionen hat, kann man fragen, wo diese Funktionen im Geflimmer der Leinwände und Monitore bleiben. Sollte es tatsächlich charakteristisch für unsere Medienkultur sein, dass unsere Wirklichkeitserfahrungen im Hier und Jetzt, real und in Echtzeit, synchron und simultan stattfinden, so drängt sich die Frage auf, wo dann das Erzählen bleiben soll, und zwar Erzählen in dem Sinne, dass wir uns an ein Ereignis erinnern, uns mit ihm auseinandersetzen, es nach Helmuth Feilke »unter Beachtung einer chronologischen Folgerichtigkeit zu Papier« bringen. Entsprechend drängt sich auch die Frage auf, wo die Biographie, die Identität und das kulturelle Gedächtnis bleiben – vor allem dann, wenn nun auch literarische Erzähltexte anfangen, sich im Präsens zu halten.

Bereits vor zwanzig Jahren sah der Philosoph Vilem Flusser mit den Medien einen grundlegenden Mentalitätswandel heraufkommen. Der Schriftkode stiftete ein zeilenförmiges, geschichtliches Denken. Dieses Denken nennt Flusser »kritisch, fortschrittlich, zählerisch, erzählerisch«. Mit den digitalen Kodes und Bilderkodes formiert sich hingegen eine neue Mentalität. Flusser sieht einen »Sprung aus dem historischen, wertenden, politischen Bewusstsein in ein kybernetisches, sinngebendes, spielerisches Bewusstsein«. An die Stelle der linearen Zeile treten kybernetische Netze; an die Stelle des (dramatischen) historischen Bewusstseins treten eine neue Raumzeiterfahrung und ein neues (programmatisches) Möglichkeitsbewusstsein. Sollte Flusser recht behalten, dann würden über kurz oder lang das Schreiben im allgemeinen und das schriftliche Erzählen im besonderen ein Anachronismus. Denn das chronologisch-lineare Erzählen im Medium der Schrift ist kausal und final geordnet. Es stellt die Wirklichkeit als eine Kette von Ereignissen dar, die als Ursachen und Folgen miteinander verbunden sind und auf ein Ziel zulaufen. Die Erzählung von Minka der Katze verdeutlicht dies sehr gut.

Nun besteht der Hauptzweck von Schule darin, Gegenstände zu tradieren und Kompetenzen zu vermitteln, die eine Gesellschaft für nachwachsende Generationen als wichtig erachtet. So kann man zum Beispiel in den USA Autofahren in der Schule lernen, bei uns nicht; und Gemeinschaft bildende Aktivitäten wie Musik und Sport sind dort ungleich wichtiger als etwa Fremdsprachen. Daher ließe sich wie folgt argumentieren: Gerade dann, wenn und gerade deshalb, weil das schriftliche Erzählen eine in unserer Medienkultur bedrohte Praxis ist, muss sich Schule verstärkt um das Erzählen kümmern. Man kann nicht mit letzter Sicherheit vorhersagen, ob die Schriftkultur, in der die meisten von uns groß geworden sind, durch die Schule zu retten ist. Es ist möglich, dass sie als temporäre und übrigens nicht sehr ausgedehnte Phase in der Mediengeschichte wieder verschwindet. Vorläufig aber gelte nachdrücklich das Argument vom schützenswerten Erzählen. Ja, man sollte das Erzählen und besonders das schriftliche Erzählen aus den genannten Gründen in der Schule stärker vermitteln. Eine didaktische Wunschliste mit drei Punkten soll dies verdeutlichen:

Wunschzettel

Erstens: Die Vorgaben aus der Monokultur der Mauskurve sollten einer dramaturgischen Vielfalt weichen. Die meisten unserer Erfahrungen sind in ihrer Erlebnisstruktur nicht mausförmig. Deshalb muss die Textgestalt auch nicht so aussehen. Das »Höhepunkt-Schema« ist sehr eng. Junge Schreiber sollten nicht auf die Erzählmaus als Maß aller Dinge verpflichtet werden, sondern mit anderen Dramaturgien experimentieren dürfen.

Zweitens: Abstrakte Handlungsschemata und Begriffe sollten durch anschaulichere ersetzt werden. Um kein Missverständnis aufkommen zu lassen: Baumuster sind wichtige Hilfen für das Schreiben von Texten. Bezeichnungen wie »Einleitung«, »Hauptteil«, »Höhepunkt« und »Schluss« sind jedoch wenig anschaulich und leistungsfähig für die Vermittlung dessen, was Erzählen und eine Erzählung ausmacht. So hat man beispielsweise vorgeschlagen, sich für das schriftliche Erzählen an eine einfache Geschichtengrammatik anzulehnen. Eine solche Grammatik beinhaltet Grundbausteine einer Geschichte, zum Beispiel einen Helden oder eine Heldin, einen Ort und eine Zeit, ein einschneidendes Ereignis (eine schwierige Situation entsteht; etwas geht verloren oder wird zerstört; etwas wird verzaubert; ein Traum soll verwirklicht werden …), eine Reaktion des Helden oder der Heldin auf dieses Ereignis und eine Lösung des Konflikts.

Drittens: Das schriftliche Erzählen sollte nicht auf die Unterstufe begrenzt, sondern bis in die Oberstufe gepflegt werden. Noch immer steckt hinter dem schulischen Schreibcurriculum die Annahme, dass Erzählen etwas Kindliches und vergleichsweise Anspruchsloses sei. Das schriftliche Erzählen erfüllt sich bzw. endet in der Schule mit der Mauskurvengeschichte. Spätestens in der achten Jahrgangsstufe haben Jugendliche angeblich nichts mehr zu erzählen. Diese Verkürzung verkennt aber die große Vielfalt des Erzählens und seiner Funktionen in unserer Kultur. Zu wünschen wäre ein Deutschunterricht, in dem junge Erwachsene erzählende Texte vielfältiger Art nicht nur rezipieren, sondern auch produzieren dürfen.

Und wie ist das nun mit dem Präteritum? Erzählen betrifft in der Regel Sachverhalte, die zeitlich vergangen sind. Das Präteritum ist prädestiniert, sich auf solche Sachverhalte sprachlich zu beziehen. Geschichten wie die von Hans

Castorp können »in der Zeitform der tiefsten Vergangenheit« vorgetragen werden.

»Erzählt wird im Präteritum!« – das ist nicht falsch, aber die ganze Wahrheit ist es nicht. Die Geschichte von Marions Strafarbeit lässt sich auch im Präsens erzählen. Texte von Erich Kästner, Gudrun Pausewang und Alexa Hennig von Lange erzählen im Präsens. Und noch grundsätzlicher: Erzählt wird auch im Film, im Videoclip, im Computerspiel, im Comic. In diesen Medien vermittelt sich Fiktionales nicht mehr in epischer Distanz, sondern in audiovisueller Präsenz. »Erzählt wird im Präteritum« – als beschreibender Befund stimmt dieser Satz nur zum Teil. Daher ist er auch als normative Vorgabe für die Schule problematisch.

Der Mensch ist einsprachig

»Why, Huck, doan de French people talk de same way we does?«

»No, Jim; you couldn't understand a word they said – not a single word.« [...]

»Is a Frenchman a man?«

»Yes.«

»Well, den! Dad blame it, why doan he talk like a man? – you answer me dat!«

Das Zitat aus Mark Twains *Die Abenteuer des Huckleberry Finn* zeigt, was geschieht, wenn ein junger Mensch ohne größere formale Bildung ausschließlich einsprachig aufwächst. Jim geht davon aus, dass die eigene Sprache die einzige und richtige Sprache ist. Wenn Franzosen, die sich in Jims Heimat (dem Tal des Mississippi) bewegen, Menschen sind, so sollten sie auch wie Menschen sprechen, nämlich Englisch.

Die Vielsprachigkeit der Welt, die angebliche Einsprachigkeit des Menschen und seine mitunter auch unerwartet auftretende Mehrsprachigkeit stellen für die Menschheit ein uraltes, ambivalentes Phänomen dar, das bereits in mythischer Zeit thematisiert wurde: Es handelt sich um ein Phänomen, das mit göttlicher Macht, aber auch mit der des Teufels, mit Wir-Gefühl, aber auch mit Mord und Totschlag assoziiert ist. Das Paradies ist einsprachig, alle Kreaturen sprechen die gleiche Sprache untereinander und mit Gott. Die Schlange, aus der Satan spricht, nutzt diese Sprache, um

Eva zu verführen und damit die Vertreibung aus dem Paradies einzuleiten. Eine mittelbare Folge des mit dem Sündenfall verbundenen menschlichen Erkenntnisgewinns und der nachfolgenden Vertreibung aus dem Paradies ist der Turmbau zu Babel, auf den Gott reagiert, indem er die Sprachen der Menschen verwirrt. In Genesis 11,1 ff. wird das beschrieben:

> Die ganze Erdbevölkerung hatte die gleiche Sprache und die gleichen Worte. [...] Sie sagten zueinander [...]: Wir bauen uns eine Stadt und einen Turm, dessen Spitze bis in den Himmel reicht, und machen uns einen Namen, damit wir uns nicht über die ganze Erde zerstreuen. Der Herr fuhr herab, um sich die Stadt und den Turm anzusehen, an denen die Menschen bauten. Der Herr sagte: »Sie sind ein einziges Volk mit der gleichen Sprache. Das ist erst der Anfang ihres Unternehmens; künftig wird ihnen nichts mehr unausführbar sein [...]. Wir wollen hinabfahren und ihre Sprache verwirren, dass keiner mehr die Sprache des anderen versteht.

Damit erklärt das Alte Testament die Vielsprachigkeit der Welt als göttliche Strafe. Da es in der neuen, verwirrten Welt der Vielsprachigkeit mehrsprachige Individuen zunächst nicht geben kann, Dolmetschen also unmöglich ist, entfaltet die Strafe ihre volle Wirkung: Die Menschen verstehen sich nicht mehr und werden über die ganze Erde zerstreut.

Langfristig natürlich gebiert eine vielsprachige Welt mehrsprachige Individuen, freilich in der Regel solche, deren Fremdsprachenkenntnisse nicht unabhängig von ihrer Muttersprache existieren. In der vielsprachigen Welt ist es wichtig, in der richtigen Situation die richtige Sprache zu beherrschen. Wer den falschen Akzent hat, fällt übel auf –

und das bis zum heutigen Tage. Das Alte Testament im Buch der Richter 12,5 f. erzählt:

> Die Gileaditer hielten die Jordanfurten nach Efraim besetzt. Sooft flüchtige Efraimiter baten: »Lasst mich hinüber!«, fragten ihn die Männer aus Gilead, ob er Efraimit sei. Wenn er mit »nein« antwortete, forderte man ihn auf, das Wort Schibbolet auszusprechen. Sagte er Sibbolet, weil er es nicht richtig aussprechen konnte, griffen sie ihn und erschlugen ihn bei den Jordanfurten. Dabei kamen 42 000 Efraimiter um.

Offenbar waren die efraimitischen Flüchtlinge zweisprachig, doch sie hatten Probleme mit der Realisierung bestimmter Laute der Fremdsprache. Das Pfingstwunder, geschildert in der Apostelgeschichte 2,4 ff., ermöglicht schließlich die gottgefällige sprachliche Verständigung über Sprachgrenzen hinweg, und zwar auf eine ganz neue Weise:

> Sie wurden alle mit dem heiligen Geist erfüllt und begannen in fremden Sprachen zu reden, je nachdem der Geist es ihnen eingegeben hatte. [...] Ein jeder hörte sie in seiner eigenen Landessprache reden. Da wurden sie alle betroffen und sagten voll Verwunderung: »Sind nicht diese alle, die da reden, aus Galiläa? Wie kommt es denn, dass jeder von uns sie in seiner eigenen Sprache reden hört? [...] Juden und Proselyten, Kreter und Araber, alle hören wir sie in unseren eigenen Sprachen Gottes herrliche Taten verkünden.

Die gleichzeitig stattfindende Verkündigung der alle Menschen einenden Lehre in allen Sprachen der Erde nimmt der nachbabylonischen Sprachenvielfalt ihren Stachel. Die Mehrsprachigkeit des Bekenners wird als eine Gabe des Heiligen Geistes gesehen, als Vorbedingung der weltweiten Ausbreitung der Lehre. Und da der Eingeweihte ohnehin weiß, wovon die Rede ist, versteht er die Botschaft auch über alle sprachlichen Gräben hinweg.

Spätere Ideologien mit dem Anspruch weltumspannender Gültigkeit haben bewusst oder unbewusst versucht, an die sprachlichen Facetten des Pfingstwunders anzuknüpfen. So ist die in mehr als dreihundert Sprachen synchron singbare sozialistische Hymne *Völker hört die Signale* ein säkularisierter Abglanz. Und auch das Spiel der Werbung mit fremden Sprachen, die nicht alle potenziellen Kunden im Wortlaut verstehen, gehört in diesen Bereich.

Dennoch bleibt Vielsprachigkeit als Gegebenheit der Welt durch die Jahrhunderte suspekt – nicht nur innerhalb des Christentums. Praktisch alle großen Weltreligionen tendieren dazu, heilige Sprachen zu postulieren, in denen ihre jeweiligen Basistexte abgefasst und damit scheinbar eindeutig fixiert sind. Solche heiligen oder quasi heiligen Sprachen sind Hebräisch, Altgriechisch oder aber Sanskrit oder klassisches Arabisch. Das Latein der katholischen Kirche und ihrer Amtsbibel, der Vulgata, ist da nur ein politisch motivierter Ersatz, freilich mit einem ähnlichen Anspruch, ebenso wie auch das Altslawisch der russischen Orthodoxie. Mit dem Postulat der heiligen, der eigentlichen Sprache geht im Christentum und im Islam das Jahrhunderte währende Verbot einher, die Bibel oder den Koran zu übersetzen. Die Bibelübersetzer des Spätmittelalters und der frühen Neuzeit bis hin zu Luther riskierten den Scheiterhaufen, den Koranübersetzern droht bis heute ein entsprechend hartes Urteil auf der Grundlage der Scharia.

Da wundert es nicht, dass auch die Mehrsprachigkeit des Individuums als die menschliche Antwort auf die Vielsprachigkeit der Welt suspekt erscheint. In den Hexenprozessen der frühen Neuzeit wird gerne berichtet, dass die vom Teufel besessenen armen Menschen – zumeist Frauen – in fremden, unverständlichen Zungen reden: Mehrsprachigkeit ist vom Teufel. Und suspekt sind anfangs auch die Mitglieder jener im Spätmittelalter entstehenden Berufsgruppe, die von einer Volkssprache in eine andere übersetzt. Solche Dolmetscher werden dort gebraucht, wo mittelalterliches Latein als internationale Sprache nicht weiterhilft. Das spätmittelalterliche hansische Gesetzbuch, die *Schra*, enthält eine ganze Reihe von Festlegungen, die die Tolken, also die deutsch-russischen Dolmetscher etwa im Kontor von Nowgorod, betreffen. Tolken sind selten und daher wertvoll: Die Ermordung eines Tolken im Affekt wird mit einer Sühnegeld-Zahlung geahndet, die doppelt so hoch ist wie die für den Mord an einem Kaufmann. Wehe aber dem Tolken, der – womöglich sogar wissentlich – falsch übersetzt: Ihm wird die Zunge herausgerissen. In späterer Zeit, nach der verlorenen Schlacht von Mohacs (1526), wird sich Österreich die Ausbildung sogenannter Sprachknaben, die in deutsch-türkischem Dialog dolmetschen können, viel Geld kosten lassen. Die Türken ihrerseits werden gefangene Offiziere der Habsburger Armeen umziehen, als Renegaten in Istanbul ausbilden und sie bei entsprechender Eignung als Pfortendolmetscher einsetzen. Einer der berühmtesten Pfortendolmetscher des 16. Jahrhunderts, Ali der Jüngere, stammt aus Frankfurt am Main. Pfortendolmetscher können bis in den niedrigen ottomanischen Adel aufrücken; dennoch ist ihre Situation stets unsicher: Bereits bei Verdolmetschung einer schlechten Nachricht riskieren sie Verstümmelung und Leben.

Es zeigt sich, dass die Einstellungen der Menschen zu Einsprachigkeit, Vielsprachigkeit der Welt und individueller Mehrsprachigkeit historisch geprägt und auch belastet sind. Erst mit der Aufklärung im 18. Jahrhundert nähert man sich der Vielsprachigkeit und der daraus entstehenden Mehrsprachigkeit unvoreingenommen, ja interessiert und freudig. Diese grundlegend positive Haltung gegenüber sprachlicher und kultureller Vielfalt geht im Zeitalter des Nationalismus des 19. Jahrhunderts wieder verloren. Heute, im neuen Europa der vielen Sprachen und Kulturen, müssen wir an diese Haltung wieder anknüpfen.

Von der Diglossie

Doch wie einsprachig ist der Mensch tatsächlich? Auch der Einsprachige lebt im Normalfall in einer sogenannten Diglossie-Situation: Er spricht einen regionalen Dialekt, vielleicht auch einen sozialen Dialekt (oder gar mehrere, wobei regionaler und sozialer Dialekt ineinandergreifen) und eben seine Hochsprache. In vielen Fällen ist der Regionaldialekt recht weit von der Hochsprache entfernt. Er verfügt über eine eigene Grammatik, einen eigenen Wortschatz und eigene Wendungen. Und er ist angepasst an die sozialen Strukturen, die Traditionen und die aus diesen erwachsenden kommunikativen Erfordernisse einer Region.

Hätte mich im Alter von sechs Jahren einer meiner Nachbarn auf dem Schulweg gefragt (ich besaß nicht den typischen Schulranzen, sondern nur eine uralte Tasche), wo ich denn gerade hingehe, so hätte ich im Dialekt meiner Region geantwortet: »Isch bin am innet Schüllsche am jonn.« Nie wäre es mir eingefallen, hochdeutsch Auskunft zu geben, etwa: »Ich bin auf dem Weg zur Schule«. Meine Sprache war mein Dialekt, ihm galt wie selbstverständlich auch meine emotionale Bindung. Hochdeutsch war für mich die erste Fremdsprache; ich habe sie bei meinem Vater, einem promovierten Germanisten und Literaturwissenschaftler, gelernt – nicht selten unter Tränen. Dennoch hätte ich mich damals ohne jedes Nachdenken den Einsprachigen zugerechnet, nach dem Motto »Fremdsprachen kann ich nicht«. Im Alter zwischen zehn und zwölf habe ich nach der Versetzung meines Vaters nach Bad Kreuznach dann noch den dortigen rheinfränkischen Dialekt, der dem Dialekt meiner Mutter sehr ähnlich war, *near-native like* gelernt, um damit die soziale Eintrittskarte in die Gemeinschaft meiner Klassenkameraden zu erwerben und auch, um meinen Vater zu ärgern. Beides gelang: Da war ich dann also eigentlich dreisprachig.

Wie diesem späteren Englischprofessor geht es vielen. Es stellt sich also mit einiger Berechtigung die Frage, ob es den einsprachigen Menschen überhaupt gibt. Natürlich kann man ihn eigens heranziehen.

Er gedeiht am besten in einem Klima ethnischer Selbstgenügsamkeit und eines Standesbewusstseins, dem eine ganz bestimmte Form von Sprache als Ausdrucksform zugeordnet ist. Das muss nicht die Hochsprache sein. Der Londoner Cockney ist in vielen Fällen genuin einsprachig: Er beherrscht seinen Stadtteildialekt, der zugleich sozialer Dialekt und Identifikationspunkt ist. An Standardenglisch ist er, sofern er es nicht in Ansätzen beruflich benötigt, nicht interessiert und an Fremdsprachen schon gar nicht. Auch der Bilderbuch-Amerikaner (*white, Anglosaxon, protestant,* im *Bible Belt* zu Hause, irgendwo entlang der Interstate 90, auf einer ordentlichen Gewinn abwerfenden Farm *in the middle of nowhere*) kommt einem monolingualen Wesen recht nahe. Ansonsten aber fällt es schwer, genuin monolinguale Wesen in genuin monolingualen Regionen auszumachen.

Ein Volk, eine Sprache?

Das Europa des 19. Jahrhunderts bestand mehrheitlich aus einsprachigen Staaten, in denen die Deutschen, die Franzosen, die Engländer, die Italiener, die Spanier mit sich selbst allein waren. Das bedeutet aber nicht, dass sie einsprachig waren. Sie bewegten sich sprachlich fast ausnahmslos im Rahmen unterschiedlicher, im einzelnen sehr komplexer Diglossie-Welten. Sie verfügten mit anderen Worten über eine Form der Mehrsprachigkeit, die von den betroffenen Individuen nicht als eine solche empfunden wurde – das ist typisch für Diglossie. Man konnte sich also, ohne dies zu sein, als einsprachig einstufen, als Mitglied eines bestimmten Volkes, dessen Identifikationspunkt die eine, ganz bestimmte Sprache ist. Damit lebte man mit der vorherrschenden nationalen Ideologie im Einklang; als Patriot konnte man stolz sein auf seine Sprache. Insofern konnte die Isolation zu einem Nährboden nationaler Überheblichkeit und der politisch pervertierbaren negativen Einschätzung alles Fremden werden (man denke nur an das Motto der Nationalsozialisten: »Am deutschen Wesen soll die Welt genesen«).

Nicht unwichtig ist in diesem Zusammenhang auch die Tatsache, dass Fremdsprachenkenntnisse, wie man sie an den Gymnasien des 19. Jahrhunderts erwarb, lediglich als ein Mittel der Formalbildung angesehen wurden, nicht aber als Werkzeug für den kommunikativen Kontakt zu Menschen anderer Länder und Kulturen.

Nun geht aber die nachromantische, insgesamt doch recht naive Gleichsetzung von Volk und Sprache bei gleichzeitiger Mystifizierung der Begriffe für den Menschen des 20. Jahrhunderts mit den furchtbarsten Kriegen und Vertreibungen einher. *Ethnic cleansing* (›Ethnische Säuberung‹) ist zwar keine Erfindung dieses Jahrhunderts – man denke an die oben berichteten Vorgänge am Jordan –, es wurde aber wohl in keinem Jahrhundert so gründlich praktiziert. Vor diesem Hintergrund drängt sich der Eindruck auf, dass nicht die Mehrsprachigkeit, sondern die Einsprachigkeit vom Teufel ist – unabhängig davon, ob sie nun tatsächlich vorhanden oder nur Teil einer nationalen Ideologie ist.

Von politisch gewollter Einsprachigkeit, Vielsprachigkeit und Mehrsprachigkeit in Europa

Das Missverständnis, der Mensch sei einsprachig, hat zumindest seit der frühen Neuzeit etwas mit dem Konzept von Nationalsprache zu tun, einem gesamteuropäischen Konzept. Werfen wir einen Blick auf die Nationalsprachen Europas, ihren politischen Anspruch, ihre Konkurrenz und ihren Einfluss auf die Einsprachigkeit oder aber Mehrsprachigkeit der Europäer.

Seit der Renaissance ist Europa geprägt von Nationalsprachen, die in abgegrenzten nationalen Räumen existieren und miteinander in Konkurrenz liegen. Das europäische Mittelalter kannte zwar eine Vielzahl von sprachlich mehr oder weniger kodifizierten Dialekten, die teilweise so etwas wie regionale Schriftsprachen oder zeitweilige Hochsprachen bildeten, doch es fehlte ein konsequenter nationalstaatlicher Bezug. Als internationale Sprachen dienten die Kirchensprachen: keineswegs nur Latein, sondern in Südosteuropa byzantinisches Griechisch und nach Nordosten an dieses anschließend das schon erwähnte Altkirchenslawisch. Latein war im größten Teil Europas die Sprache der Klöster und damit auch die Sprache der Bildung und der Politik. In einer Zeit eingeschränkter Mobilität und kleinräumiger Kommunikation genügte es, dass nur wenige Personen die jeweilige internationale Sprache beherrschten.

Aus den vorwiegend mündlich tradierten landsmannschaftlichen Dialekten des Mittelalters werden in einem Prozess, der sich über drei bis fünf Generationen erstreckt, Nationalsprachen. Sprachen wie Italienisch, Spanisch, Portugiesisch, Französisch und Englisch treten als Medium nationaler Kulturen und als sichtbare und von staatlicher Seite gehegte Zeichen nationalen Fortschritts spätestens seit dem 16. Jahrhundert auf den Plan. Alle diese Sprachen erheben den Anspruch, das angestammte Latein ersetzen zu können. Literarische Größen wie Dante, Shakespeare, Cervantes, Calderón, Corneille, Racine und Molière müssen auch vor diesem Hintergrund gesehen werden.

Und mehr noch: Die Reformation postuliert den Christenmenschen als unmittelbar dialogfähig mit Gott – auf der Basis der Bibel und ohne die Vermittlung durch eine Amtskirche. Als Konsequenz muss die Bibel in der Sprache der Gläubigen zugänglich gemacht werden. Sie wird im Verlauf des 16. Jahrhunderts in Dutzende von Sprachen übersetzt, gleichzeitig lernt der Christenmensch in den von der Reformation berührten Territorien nun in eigens eingerichteten Elementar- oder Sonntagsschulen das Lesen – auch das weibliche Geschlecht. Reformation und Gegenreformation stellen die Katalysatoren der Schulentwicklung, nicht nur im deutschsprachigen Raum, dar. Mit den Bibelübersetzungen werden die jungen Nationalsprachen (und auch einige Regionalsprachen wie beispielsweise das inzwischen ausgestorbene Manx der Isle of Man) Träger des göttlichen Wortes – und dies bedeutet die denkbar größte Aufwertung.

In der Folgezeit entstehen nationalsprachlich-monolinguale, d.h. einsprachige Blöcke: England, Frankreich, Spanien, Portugal etc., wobei es nun in diesen Staaten zur Pflege der Nationalsprache und Nationalkultur gehört, Dialekte und konkurrierende Regionalsprachen so weit wie möglich auszumerzen. In Frankreich beispielsweise geht man mit allen zu Gebote stehenden Mitteln gegen die germanischen Dialekte des Nordens und des Ostens vor, also gegen das Bretonische, aber auch gegen die Langue d'oc und das Provenzalische. Wie lange dieser Trend anhält, zeigt der berühmt gewordene Ausspruch des gaullistischen Premierministers Pompidou von 1970:

Il n'y a pas de place pour les langues minoritaires dans une France destinée à marquer l'Europe de son sceau. (Es gibt keinen Platz für Minoritätensprachen in einem Frankreich, das dazu bestimmt ist, Europa sein Siegel aufzudrücken.)

Heute, im Zeitalter des Europa der Regionen, geht auch das offizielle Frankreich davon aus, dass auf dem Territorium der Republik sieben angestammte Sprachen bzw. autonome Dialekte gesprochen werden, und man ist sogar bereit, diese Vielsprachigkeit und die daraus resultierende Mehrsprachigkeit der betroffenen Bürger zu fördern. Freilich deckt der neue Liberalismus das mittlerweile viel größere Problem der Immigrantensprachen bzw. deren sprachlich-sozialen Sprengstoff nicht ab.

Als einsprachige Blöcke präsentieren sich nach außen auch die drei Weltmächte der Neuzeit: die USA, Russland und China. Doch wie sieht es in ihnen aus?

Die USA werden in immer höherem Maße flächendeckend zweisprachig (Englisch und Spanisch). Heute ist klar, dass die *Melting-pot*-Ideologie bestenfalls dort funktioniert hat, wo integrationsbereite Immigranten nicht in Ghettos abgedrängt wurden, wie etwa nach Chinatown oder Little Italy. Spanischsprachige Massenmedien existieren in den USA längst flächendeckend. Sie fördern das Entstehen einer einsprachig-hispanophonen Parallelgesellschaft im Gegensatz zur WASP-Gesellschaft (*white, Anglosaxon, protestant*).

Die Sowjetunion beziehungsweise Russland versuchte, der real existierenden Vielsprachigkeit im Riesenreich – man kann von Dutzenden schriftlich kodierter Sprachen ausgehen – durch besondere Nationalitätenschulen Rechnung zu tragen. Einen ähnlichen Weg ist China gegangen. Dabei werden in Russland und China in großem Stile Menschen zur Zwei- und Mehrsprachigkeit ausgebildet. Das ist in großen Teilen Sibiriens und der fernöstlichen Landesteile Russlands und zumindest auch in den weiten Randgebieten Chinas der Normalfall.

Die Aufteilung Europas in nationalsprachliche Blöcke führte im 16. Jahrhundert bereits zu einer Förderung der Mehrsprachigkeit, wobei man die vorhandenen Bildungsstrukturen nutzte. Zu diesen gehörten insbesondere die Lateinschule, die Ritterakademie (eine Art Fachhochschule für den Adel) und die Universität. Von dem Zeitpunkt ab gab es den Berufsstand eines Lehrers moderner Fremdsprachen, so wie sich der neue Berufsstand der Dolmetscher entwickelte. Der Adel wurde mehrsprachig ausgebildet, wobei die dynastischen Beziehungen die Sprachenwahl bedingten, und Gleiches galt natürlich für die im aufblühenden internationalen Handel tätigen Kaufleute. Lucas Rem, ein Factor (wir würden heute wohl sagen: Prokurist) der Welser in Augsburg, war sechssprachig: Er konnte neben schwäbischem Deutsch, den Handelsbeziehungen seines Hauses entsprechend, Italienisch, Spanisch, Portugiesisch, Französisch und Niederländisch (Flämisch). Die Ritterakademien der frühen Neuzeit stellten die ersten Bildungsinstitutionen dar, die einem ausgefeilten neusprachlichen Lehrplan folgten, in dem auch vergleichsweise weniger verbreitete europäische Sprachen ihren Platz hatten. Die theresianische Ritterakademie in Wien beispielsweise spezialisierte sich auf die Sprachen im Vielvölkerstaat Österreich und auf ottomanisches Türkisch.

Das 18. Jahrhundert war in erstaunlichem Maße mehrsprachig. Dafür sorgten das Interesse einer breiter werdenden gebildeten Schicht an ausländischem Schrifttum, die zahlreichen Höfe mit ihrem ausländischen Personal (das sehr oft nach sprachlicher Zugehörigkeit ausgewählt wurde), das französische Schauspiel und die italienische Oper. Doch die Langzeitwirkungen der Französischen Revolution und die napoleonische Drangsal beseitigten diese kommunikationsorientierte Mehrsprachigkeit und ersetzten sie, zumal in Deutschland, durch einen Ansatz, in dem Sprachen nur noch als Bildungsmittel von Interesse waren. Von nun an redete man zwar über Sprachen und Texte, doch man konnte die Sprachen nicht mehr. Ein Ergebnis zeigt sich in der geschilderten Einsprachigkeit des 19. Jahrhunderts mit all ihren negativen Folgen. Ein anderes stellt der über viele Jahrzehnte ineffektive Latein-, Französisch- und Englischunterricht unserer Gymnasien dar. Selbst zwei verlorene Kriege vermögen dem posthumboldtschen Ungeist nichts anzuhaben: Symptomatisch war die Aussage des bei den Zeitgenossen hoch angesehenen Gymnasial-Ideologen Adolf Bohlen in einem Artikel zur schulpolitischen Situation der neueren Sprachen 1953:

> Hinweise auf andere Länder, in denen sogar vier oder fünf Sprachen im Lehrplan stehen, sind ohne Beweiskraft, denn dort wird [...] die Fremdsprache als Gebrauchssprache gelernt. Die deutsche höhere Schule setzt sich aber das Studium einer Sprache als Bildungssprache zum Ziel, und das ist etwas ganz anderes.

Die Europäische Union verpflichtete ihre Mitgliedsstaaten langfristig auf eine Dreisprachigkeit ihrer Bürger, das bedeutete zumindest im Prinzip: Muttersprache, internationale Sprache, Nachbarsprache. Eine bloße Zweisprachigkeit (Muttersprache – internationale Sprache) ist nach europäischer Definition keine Mehrsprachigkeit. Es fehlt ihr nämlich die europäische Kompetenz, sich in mindestens zwei europäischen Kulturen ohne Zuhilfenahme einer internationalen Sprache zurechtfinden zu können. Die Dreisprachigkeit der Unionsbürger als Minimalforderung sei zugleich die Voraussetzung für den Erhalt der europäischen Sprachenvielfalt, und diesem Erhalt hat sich die EU uneingeschränkt verschrieben. Sie tut dies aus gutem Grunde, denn wir müssen in dem neuen, großen Europa die Sprachen wahren, um die sich in ihr ausdrückenden nationalen und regionalen Kulturen wahren zu können, und wir müssen die Kulturen wahren, um in Krisenzeiten Europa innenpolitisch stabil zu halten. Ein sprachlich und kulturell nicht sorgsam austariertes und entwickeltes Europa ist in Krisenzeiten ein bürgerkriegsanfälliges Europa. Wir kommen um die Mehrsprachigkeit nicht mehr herum.

Die Auseinandersetzung mit dem Phänomen der Diglossie zeigt, dass das Thema Einsprachigkeit, Vielsprachigkeit, Mehrsprachigkeit in Vergangenheit und Gegenwart über das rein Sprachliche hinausging und -geht. Der historische Aufstieg Europas zu einem Kontinent der vielen, miteinander konkurrierenden Sprachen zeitigt bis zum heutigen Tag Konsequenzen für die Europäische Union. Der Mensch ist tendenziell mehrsprachig, zumindest auf Mehrsprachigkeit hin angelegt (die Speicherplätze und Programme in seinem Bio-Computer sind vorhanden), und er ist in der Regel zumindest zweisprachig im Sinne einer Zweisprachigkeit, die er nicht als solche empfindet. Einsprachigkeit als Teil einer scheinbar idealen Welt und Einsprachigkeit als Seelenzustand und der daraus resultierende monolinguale Habitus bergen jeweils politische und gesellschaftliche Gefahren.

Aber wie hoch ist tatsächlich die Zahl der Mehrsprachigen, gemessen an der Gesamtzahl der Bevölkerung einer gegebenen Region, eines gegebenen Landes? Es ist schwer, das tatsächliche Ausmaß individueller Mehrsprachigkeit bezogen auf eigenständige oder weitgehend eigenständige Sprachen statistisch zu erfassen, wie überhaupt statistisches Material zur kommunikativen Verwendung einzelner Sprachen in sehr vielen Fällen noch gar nicht vorliegt. Und dort, wo es vorliegt, ist es oft nur mit großer Vorsicht zu genießen. Befunde sind mitunter auch schnellen Veränderungen unterworfen. Weltweit gilt mit Sicherheit, dass natürliche Mehrsprachigkeit auch jenseits bloßer Diglossie die Regel bildet und nicht die Ausnahme ist. Afrikaner etwa sind drei- bis fünfsprachig: Sie sprechen normalerweise eine Stammessprache, die dominante Regionalsprache, eine benachbarte Regionalsprache und eine postkoloniale Sprache. Ähnliche Verhältnisse sind in vielen Bereichen Südamerikas und Asiens zu beobachten. In Europa existiert natürliche Zweisprachigkeit beispielsweise großflächig in Spanien, aber auch in den autonomen Regionen Italiens, in Sardinien, auf Korsika und auf Malta, in Teilen Irlands, Schottlands und in Grönland. Auf dem Balkan ist sie an der Tagesordnung. Und diese Liste ist natürlich nicht vollständig.

Dreisprachigkeit in Europa ist deutlich seltener. Das dreisprachige Musterland ist Luxemburg: Hier ist Luxemburgisch Nationalsprache, Französisch traditionelle Verwaltungssprache und Hochdeutsch die Sprache des nicht immer geliebten großen Bruders, zu der die Nationalsprache in einem dialektalen Spannungsverhältnis steht. Am Beispiel Luxemburgs wird übrigens auch deutlich, wie sehr sich Einschätzungen von Sprachformen politisch gesehen verschieben können: Galt das Luxemburgische früher als Patois, als ein moselfränkischer Grenzlanddialekt des Deutschen, so gilt Luxemburgisch heute als besonders förderungswürdige kleine europäische Sprache und Trägerin einer nationalen Kultur. Solche Verschiebungen haben natürlich auch Rückwirkungen auf Statistiken über Sprache.

Eine Herausforderung für die Zukunft Europas im Global Village bilden in zunehmendem Maße die Sprachen der Immigranten. Niemand weiß, wie viele Immigranten tatsächlich in der EU leben. Vermutlich liegt ihre Gesamtzahl bei zwölf bis fünfzehn Millionen, also in etwa der doppelten Einwohnerzahl Österreichs. Die EU hat sich um dieses Problem bisher weitgehend herumgemogelt, indem sie nur traditionelle europäische Regionalsprachen als EU-Regionalsprachen anerkannt hat. Doch spätestens seit den bürgerkriegsartigen Tumulten in den französischen Vorstädten kann dieses Problem nicht mehr übersehen werden.

Man ist nur zu gerne davon ausgegangen, dass Immigranten nicht über eigene Siedlungsräume verfügen und daher als kulturelle und sprachliche Gruppe letztlich gar nicht vorhanden sind. Längst jedoch sind solche Siedlungsräume entstanden, und zwar überall in Europa, von Estland bis nach Südspanien, und nicht selten haben sie die Form von Ghettos angenommen. Wer in einem Ghetto leben muss, hat Integration abgeschrieben. Solange man im Ghetto bleibt, genügt die Herkunftssprache, der einsprachige Habitus. Denn erst derjenige, der das Ghetto verlässt, etwa um zu einem Arbeitsplatz zu gelangen, braucht Kenntnisse in der Sprache der ihn eigentlich aufnehmenden Nation, zumindest auf der Ebene einer Kompetenz, die man englisch als *minimal adequate* beschreiben würde.

Wird die Sprache des Ghettos nicht hinlänglich unterrichtet, entsteht bei der nachwachsenden Generation die sogenannte Halbsprachigkeit: Die Sprache des Herkunftslandes wird nur noch partiell, in einer verarmten, insularen Form, d.h. sehr oft ohne eine schriftsprachliche Basis, beherrscht. Besuchen die jungen Menschen Schulen des Gastlandes, so entsteht oft eine sogenannte doppelte Halbsprachigkeit. Dazu gehört etwa das Türkendeutsch als Jugendsprache, das die sozialen Aufstiegsmöglichkeiten schlicht einschränkt. Angesichts dieser pervertierten Mehrsprachigkeit stellt die Tatsache, dass die EU und Deutschland nicht mehr finanzielle Mittel zur Sprachförderung bereitstellen, eine bildungspolitische Bankrott-Erklärung dar.

Der Mensch ist nicht einsprachig. Das bedeutet nicht, dass er eine zweite, dritte oder vierte Sprache perfekt beherrschen müsste. Die traditionelle Sicht der Dinge, dass man eine Sprache kann oder eben nicht, ist weder linguistisch noch didaktisch haltbar. Der Mensch beherrscht Sprachen auf unterschiedlichen Kompetenz-Niveaus. Auch innerhalb einer einzelnen Sprache sind die Kompetenzen, bezogen auf die verschiedenen Fertigkeiten wie Verstehen, Sprechen oder Schreiben, nicht immer gleich verteilt. An dieser Tatsache ist nichts Negatives. Eine Sprache nur ein wenig zu können ist ungeheuer viel mehr, als eine Sprache gar nicht zu können. Kommen dann noch passende Kommunikationsstrategien hinzu, kann man mit dem bisschen mitunter doch recht viel anstellen. Für den EU-Durchschnittsbürger ist es in vielen Fällen besser, mehrere Sprachen auf einem mittleren, lebenspraktischen Niveau zu beherrschen, als (beispielsweise in der Schule) eine einzige Fremdsprache über die Dauer fast eines ganzen Jahrzehnts zu lernen. Individuelle Mehrsprachigkeit ist Garant für Vielsprachigkeit.

Einsprachigkeit jedenfalls ist nicht gottgegeben, sondern eher eine traurige Reduktion der sprachlichen Möglichkeiten des Menschen. Sie ist wie eine Krankheit, die geheilt werden kann. Das medizinische Angebot ist groß.

Spanisch ist leichter als Russisch

Dass man manche Sprachen leichter lernt als andere, gehört wohl zu den am weitesten verbreiteten Allgemeinplätzen über Sprache überhaupt. Urteile wie »Deutsche Sprache schwere Sprache«, »Englisch kann doch jeder«, »Französisch ist schwer« beruhen letztlich auf der Vorstellung, man könne Sprachen miteinander vergleichen. Der Vergleich lässt sich auf die Formel »Sprache X ist schwerer/leichter als Sprache Y« reduzieren, in die man beliebige Sprachennamen einsetzen kann. Im Alltag werden solche Vergleiche spätestens dann relevant, wenn es um die Wahl einer bestimmten Fremdsprache in der Schule geht. Werden Sprachwissenschaftler in diesem Zusammenhang befragt, wollen Eltern vor allem wissen, mit welcher Sprache ihr Kind die besseren beruflichen Chancen und mehr Erfolg hat und auf Reisen am weitesten kommt. Und natürlich, welche Fremdsprache am leichtesten zu erlernen sei. Die Antwort lautet: »Kommt drauf an«. Die pauschale Aussage, dass eine bestimmte Sprache leichter ist als eine andere, kann es nämlich gar nicht geben.

Woher stammt dann der intuitive Eindruck, dass manche Sprachen leichter oder schwerer sind als andere – zum Beispiel, dass Englisch leichter ist als Russisch oder Chinesisch? Sicher stammt der Eindruck daher, dass wir in diesem Fall von uns ausgehen, die wir Deutsch als Muttersprache sprechen. Für einen muttersprachlichen Sprecher des Polnischen dagegen ist Russisch leichter als für einen muttersprachlichen Sprecher des Deutschen. Offensichtlich hat es mit der strukturellen Nähe oder Entfernung von unserer Muttersprache zu tun, ob wir eine Sprache als leicht oder schwer bewerten. Eine Umfrage der Sprachwissenschaftler Konrad Schröder und Konrad Macht bestätigt das: So hielten 93 % der befragten Kieler Studenten Französisch für schwieriger als das mit dem Deutschen näher verwandte Englisch. Intuitiv gehen wir wohl auch davon aus, wie geläufig beziehungsweise exotisch uns Sprachen erscheinen. Das in Deutschland seltener gelernte Portugiesisch hielten 89 % der Studenten für schwieriger als Spanisch.

Wohlgemerkt: Es geht um das Erlernen von Fremdsprachen und nicht um den Erwerb der Muttersprache. Darüber, dass die eigene Muttersprache schwerer sei als andere Sprachen, hat sich noch kein Kind beschwert – tatsächlich kann ja jedes Kind jede beliebige Sprache als Muttersprache erwerben. Und chinesische, indische, italienische, englische oder deutsche Kinder brauchen gleich lang, um sprechen zu lernen. Allerdings ist umstritten, ob man aus der Tatsache, dass Kinder den Erwerb der Muttersprache in gleicher Zeit meistern, folgern kann, dies geschehe auch mit dem gleichen Aufwand.

Was Sprachen schwer macht

Abgesehen also von der Muttersprache, spielen für die Bewertung, wie schwer eine Fremdsprache ist, mindestens folgende Faktoren eine Rolle: Wir lernen die verschiedenen Sprachen in verschiedenem Alter. Wir erlernen sie in einer bestimmten Reihenfolge: Wenn wir schon Französisch gelernt haben, fällt es uns unter Umständen leichter, Spanisch zu lernen. Wir lernen mit verschieden guten Lehrern, unter verschieden guten Unterrichtsbedingungen, mit verschiedenen Methoden, Büchern und Medien – und nicht zuletzt mit verschiedener individueller Motivation. Manches Urteil über Fremdsprachen gründet auch einfach auf dem Vergleich zwischen den Anforderungen der einen und der anderen Schulsprache. In jüngerer Zeit kann man schon mal hören, Latein sei leichter als Französisch. Das liegt unter anderem daran, dass es im Lateinischen kaum Ausspracheprobleme zu bewältigen gibt, weil der mündliche Gebrauch des Lateinischen nicht Unterrichtsgegenstand ist, dass keine Texte auf Latein zu verfassen sind und dass wenig vom Deutschen ins Lateinische übersetzt wird. Im Einzelfall liegt es vielleicht auch einfach daran, dass besonders zielgenau auf Schulaufgaben vorbereitet wird. Wie schwer eine Sprache zu erlernen ist, hängt also auch davon ab, was man mit ihr anfangen will: Will man eine Sprache nur lesen und verstehen, will man sie sprechen, will man sie schreiben, und vor allem: auf jeweils welchem Niveau? Der Schwierigkeitsgrad der Erlernung des Russischen und Arabischen beispielsweise ist also auch davon abhängig, ob man überhaupt anspruchsvolle Texte auf Russisch schreiben und Arabisch nicht nur lesen, sondern auch flüssig sprechen will. Dabei kann das Erlernen der Schreibung, der Aussprache, der Grammatik, des Wortschatzes sowie der Gesprächsregeln jeweils leichter oder schwieriger sein als in einer anderen Sprache. Das bedeutet aber nicht, dass deshalb eine Sprache im ganzen leichter oder schwieriger wäre als eine andere. Denn die Schwierigkeitsgrade auf den verschiedenen Ebenen lassen sich so wenig gegeneinander verrechnen wie die sprichwörtlichen Äpfel und Birnen: Das Chinesische hat zwar kein alphabetisches Schriftsystem, wie wir es kennen, aber ist es deshalb schwieriger als das Finnische mit seinem komplizierten Deklinations- und Konjugationssystem? Genauso wenig kann man die komplizierte Orthographie des Englischen mit dem komplexen Lautsystem des Portugiesischen vergleichen.

Wie man Schwierigkeitsgrade von Sprachen messen kann

Auch wenn die genannten Faktoren schwer zu erfassen sind, besteht dennoch die organisatorische Notwendigkeit, den Schwierigkeitsgrad verschiedener Sprachen mess- und damit vergleichbar zu machen. Eine Methode besteht einfach darin, zu vergleichen, wie viele Unterrichtsstunden, Unterrichtswochen oder Unterrichtsjahre nötig sind, um eine Sprache auf einem bestimmten Niveau zu beherrschen. Was das zum Beispiel für den Vergleich zwischen dem Deutschen und dem Chinesischen bedeutet, zeigt der Berliner Sprachwissenschaftler Andreas Guder: Für Deutsch werde davon ausgegangen, »dass zum Hochschulzugang berechtigende Sprachkenntnisse [...] innerhalb von 700 bis 1000 Unterrichtseinheiten erreicht werden können, während der Chinesisch-Lehrplan für die Hochschulzugangsberechtigung [...] etwa 1600 Unterrichtseinheiten vorsieht«. Sowohl die Kriterien für den Hochschulzugang als auch für diese Zuordnung liefen also darauf hinaus, »dass für das Erreichen der einzelnen Niveaustufen im Chinesischen von einem doppelt so langen Zeitraum wie für die entsprechenden Niveaustufen innerhalb der europäischen Sprachen ausgegangen werden kann«.

Die Methode der Zeitbemessung wendet man jeweils auf die Sprecher einer bestimmten Muttersprache an. Einer ähnlichen Messmethode folgt auch die Einteilung mehrerer Sprachen nach Schwierigkeitsgruppen durch das Bundessprachenamt. Chinesisch finden wir nach dieser Klassifizierung in einer Gruppe mit den europäischen Sprachen Bulgarisch und Tschechisch. Dagegen ist nach derselben Klassifikation die europäische Sprache Finnisch schwieriger als Chinesisch. Allerdings wird in der Studie des Bundessprachenamtes der Schwierigkeitsgrad nicht nur aus der Zeit errechnet, die für die Erlernung der einzelnen Sprachen erforderlich ist, sondern zusätzlich fließen auch weitere Erfahrungen aus dem Unterricht in diesen Sprachen sowie Untersuchungen von Sprachstrukturen ein.

Was man vergleichen kann

Erlernen wir als Deutschsprachige eine Fremdsprache wie Englisch, Französisch oder Russisch, müssen wir uns zwar daran gewöhnen, dass die Verwendung des bestimmten und des unbestimmten Artikels im Englischen nicht genau der Verwendung der Artikel im Deutschen entspricht, dass das Tempus- und das Modussystem des Französischen beträchtlich von denen des Deutschen abweichen und dass in der russischen Deklination mehr Kasus zu unterscheiden sind als in der deutschen. Aber es gibt viele vergleichbare Größen wie Subjekt und Objekt, Haupt- und Nebensätze oder auch Tempora und Modi des Verbums. Sprachen wie Englisch, Französisch, Spanisch oder Russisch kann man also strukturell recht gut mit dem Deutschen vergleichen, und man kann dadurch feststellen, wo besondere Schwierigkeiten beim Erlernen dieser Sprachen auftreten. Jeder Englischlerner weiß zum Beispiel, dass das englische Lautsystem Laute besitzt, die das Deutsche nicht kennt (man denke an Wörter wie *throat*).

Auch in der Grammatik können durch den strukturellen Vergleich Voraussagen über mögliche Hürden beim Erlernen einer Sprache getroffen werden. Einem spanischen Muttersprachler könnten zum Beispiel die verschiedenen Formen des deutschen Possessivpronomens (*sein/ihr/Ihr Vater; seine/ihre/Ihre Mutter*) Probleme bereiten. Das Spanische hat hier nur eine Form (*su padre; su madre*), was dem deutschen Lerner wiederum entgegenkommt. Das Spanische kennt auch keinen Unterschied bei zusammengesetzten Vergangenheitsformen des Verbs wie im Deutschen zwischen *sie ist gekommen* und *sie hat gefunden* oder im Französischen *il est venu* und *il a trouvé*: Es verwendet in solchen Fällen grundsätzlich nur ein Hilfsverb (*ha venido / ha encontrado*). Der Sprachwissenschaftler Hans-Martin Gauger hat unter anderem deshalb Spanisch als eine »leichte Sprache« bezeichnet.

Ganz anders sieht dies jedoch schon wieder im Bereich des Wortschatzes aus:

Deutsch:	Spanisch:
Bruder/brüderlich	*hermano/fraternal*
Kaiser/kaiserlich	*emperador/imperial*
Kind/kindlich	*niño/infantil*
König/königlich	*rey/real*
Mann/männlich	*hombre/masculino*
Sprache/sprachlich	*lengua/lingüístico*
Steuer/steuerlich	*impuesto/fiscal*

Dort, wo im Deutschen eine einfache Regel der Wortbildung ausreicht, um sich die Wörter zu erschließen, muss man im Spanischen unterschiedliche Vokabeln lernen.

Bei Sprachen, die nahe miteinander verwandt sind, funktionieren solche strukturellen Abgleiche recht gut. Schwierig wird es aber, wenn man extrem distante Sprachen mit dem Deutschen vergleicht. Dann kommen nämlich zahlreiche Kategorien und Strukturen ins Spiel, die in der Muttersprache keine annähernde Entsprechung haben. Eine solche distante, »exotische« Sprache ist aus Sicht des Deutschen das auf den Philippinen gesprochene Cebuano. Die Transfermöglichkeiten, die wir beim Erlernen von Sprachen, die dem Deutschen verwandt sind, ganz selbstverständlich nutzen, helfen uns hier nicht weiter:

Deutsch:	Cebuano:
Wir aßen.	*Nikaon kami/kita.*
Wir aßen Fisch.	*Nikaon kami/kita ug isda.*
Wir aßen den Fisch.	*Gikaon namo/nato ang isda.*

Schon bei der Übersetzung eines einfachen deutschen Satzes wie *wir aßen* stellt man fest, dass im Cebuano Kategorien eine Rolle spielen, die im Deutschen unbekannt sind. Im Cebuano wird exklusives und inklusives ›wir‹ unterschieden. Das exklusive ›wir‹ lautet *kami*, das inklusive *kita*. Damit wird zum Ausdruck gebracht, ob die angesprochene Person beim Essen dabei war (*nikaon kita*) oder nicht (*nikaon kami*). Im Deutschen macht es außerdem in der Satzkonstruktion kaum einen Unterschied, ob wir sagen wollen, dass wir Fisch gegessen haben oder dass wir einen bestimmten Fisch gegessen haben. Den Unterschied macht hier allein der bestimmte Artikel (*wir aßen Fisch* gegenüber *wir aßen den Fisch*). Wird im Deutschen der bestimmte Artikel verwendet, bedeutet das für die Übersetzung ins Cebuano eine vollständig andere Konstruktion: *Fisch* wird in dem Fall zum zentralen Gegenstand der Aussage. Das hat im Gegensatz zum Deutschen nicht nur Auswirkungen auf das Wort *Fisch* und seinen Begleiter (*ug isda* wird zu *ang isda*), es ändern sich auch das Verb (*nikaon* wird zu *gikaon*) und die beiden Formen des Pronomens (*namo* für das exklusive und *nato* für das inklusive ›wir‹).

Was man feststellen kann

Welche Schwierigkeiten sich bei komplexeren Übersetzungen ergeben, kann man sich vorstellen; hier sind die Grenzen des strukturellen Sprachvergleichs schnell erreicht. Jetzt wird klar, warum die Antwort auf die Frage, welche Sprache leicht und welche schwer ist, nur »Kommt drauf an!« lauten kann. Bevor man eine Antwort geben kann, wären nämlich zunächst folgende Gegenfragen zu stellen: Geht es um eine nahe oder distante Fremdsprache? Wie viele und welche Sprachen wurden zuvor erworben oder erlernt? Welche Bedingungen bietet das Lernumfeld? Welche sprachlichen Fertigkeiten sollen erlernt werden? Um welche sprachlichen Strukturen geht es jeweils? Die grundsätzliche Frage, ob nun das Spanische leichter ist als das Russische, kann man auf diese Weise nicht beantworten. Aber es lässt sich allemal abwägen, welche Sprache für den einzelnen leichter oder schwerer ist.

Die englische Rechtschreibung ist ein Chaos

Wie geht das zusammen: »Weltsprache Englisch« und »chaotische Rechtschreibung«? Nicht nur deutsche Schüler, auch die meisten Briten und Amerikaner halten die englische Rechtschreibung für sehr reformbedürftig. Es gibt viele gute Gründe dafür, warum in den modernen Kultursprachen die Orthographie standardisiert ist und warum man von »Recht«-Schreibung spricht.

In der Antike und im Mittelalter, auch noch in Teilen der Neuzeit, las man in der Regel laut: Man las sich selbst vor, ließ gleichsam die Buchstaben zu sich sprechen. Stummes Lesen bildete die Ausnahme, die Kirche war lange sogar der Meinung, stummes Lesen sei eine große Sünde, eine Unterabteilung des Müßigganges. Heute sind viele Leser »überfliegende« Leser, diese spezielle Art zu lesen ist seit gut zwei Jahrhunderten bekannt. Wer stumm und schnell – eben überfliegend – liest, buchstabiert nicht, sondern erkennt den Gesamtkörper von Wörtern. Dabei hilft ihm oder ihr, dass die Sprache so funktioniert, dass sich Äußerungen immer wiederholen. Wenn wir zum Beispiel lesen *Ein Wein mit einem ausgereiften ...*, dann kann anschließend eigentlich nur *Geschmack, Aroma, Bouquet* folgen. Psycholinguisten haben nachgewiesen, dass beim Lesen im Grunde schon die Unterlänge des *q* genügt, um in einem solchen Kontext das Wort *Bouquet* zu erkennen. Das gelingt aber nur, wenn die Rechtschreibung standardisiert ist und das Wort nicht willkürlich als *Bukee, Bouket* oder *Buket* geschrieben wird.

Ein schriftliches Gebilde wie *Pfaiawearisakumma* (das

ist bairisch für *Die Feuerwehr ist auch gekommen*) kann man nicht überfliegen, wohl aber sich laut lesend erschließen – zumindest als Bayer. Die Vereinheitlichung der Schreibung macht sozusagen das überfliegende Lesen erst möglich. Die Entwicklung der Standardisierung wurde durch die zunehmende Zahl von Lesekundigen ab dem 17. Jahrhundert begünstigt. Hinzu kommt, dass ein Großteil des Schrifttums von wenigen Buchdruckern gedruckt, uniformiert (also in eine bestimmte Form gebracht) und eine mittlerweile schon »klassisch« gewordene Literatur in großer Menge verbreitet wurde. Und natürlich beherrschen immer mehr Menschen das Alphabet. Das wurde immer wichtiger, auch um in Wörterbüchern nachschlagen und etwas finden zu können. Und vergessen wir nicht, dass wir ohne eine fixierte Rechtschreibung heute gar nicht googeln könnten!

Buchstaben und Laute

Das einfachste Rezept für eine gute Rechtschreibung müsste eigentlich lauten: »Schreib so, wie du sprichst« beziehungsweise »Sprich so, wie du schreibst«. Mit dieser Regel lassen sich Wörter wie *Mama*, *Papa* und *Oma* erfassen, in denen jedem Laut genau ein Buchstabe entspricht. Ganz so einfach ist es aber nicht: Dann dürften wir nämlich *Leute* nicht mit eu schreiben, schließlich sagen wir nicht *L-e-u-t-e*. Und sollen wir *Senf* als *Semf* und *Ankunft* als *Angkumft* schreiben dürfen, weil man es manchmal so spricht? Und wer ist »man«? Die Leute in Hannover, die angeblich so gutes Deutsch reden (vgl. hier S. 21)? Oder die im Rundfunk und im Fernsehen?

Für das Englische gilt: Würde man so schreiben, wie man spricht, müsste man das Wort *winter* im amerikanischen

Englisch *winnr* schreiben, im britischen hingegen *winta*. Und im Amerikanischen müssten Wörter wie *terrist* (für *terrorist*) oder *encurge* (für *encourage*) erscheinen. Da gibt es viel Stoff für Auseinandersetzungen. Die wirklichen Probleme um das Verhältnis von Schreibung und Lautung liegen jedoch auf einer anderen Ebene. Dass wir nicht so schreiben, wie wir sprechen, hat gute Gründe. In der Schreibung sollen auch die Geschichte der Wörter, ihre Funktionen und ihre Verwandtschaftsbeziehungen wiederzuerkennen sein.

Wie ist nun die Schreibung der einzelnen Wörter fixiert? Vor ungefähr 80 Jahren rechnete der Schwede Rudolf Zachrisson für das Englische folgendes vor: Wenn man von dem Wort *scissors* ausgeht und untersucht, wie man die fünf einzelnen Laute des Wortes schreiben könnte, käme man auf knapp 600 000 Möglichkeiten, zum Beispiel *sizzers*, *sizzours*, *scossarz*. George Bernhard Shaw hatte angemerkt, man könne das englische Wort *fish* auch als *ghoti* schreiben: nämlich mit *gh* für den Laut *f* wie in engl. *laugh*, mit *o* für den Laut *i* wie in engl. *women* und mit *ti* für den Laut ʃ wie in engl. *nation*.

Auf diese Weise kann man aber nicht argumentieren, höchstens polemisieren. Wir können doch für das Deutsche auch nicht sinnvoll sagen, man könne *Keks* als *Cchehckß* (wie in *Radicchio*, *Reh*, *Decke*, *Maß*) schreiben. Man kann aus einem einfachen Grund nicht so vorgehen: Es gibt in fast jeder Sprache mehr Laute als Buchstaben. Viele unserer westlichen Sprachen benutzen das lateinische Alphabet mit ungefähr 25 Buchstaben als Grundlage, setzen aber etwa 45 bis 50 verschiedene Laute ein. Es muss daher zu Kombinationen der lateinischen Buchstaben kommen, in denen zwei oder mehr Buchstaben für nur einen Laut stehen. Im Deutschen ist das zum Beispiel *oo* in *Boot* und *sch* in *naschen*. Viele dieser Buchstabenkombinationen kommen zudem nicht an allen Stellen in einem Wort vor. In einigen Sprachen benutzt man zusätzliche nicht-lateinische Zeichen und graphische Ergänzungen: zum Beispiel das ß in deutsch *Straße,* den Akzent in französisch *attaché,* die Tilde in spanisch *españa,* die Cedille in katalanisch *plaça* oder Hačeks wie in tschechisch *česke* und so weiter. Das Englische hingegen verzichtet konsequent auf Sonderzeichen außerhalb des lateinischen Alphabets. Der eine oder andere mag das sogar als eine Art ästhetisches Plus für die englische Orthographie und als Lese-Erleichterung verbuchen wollen.

Briten und Amerikaner scheinen eine ganz besondere Neigung dafür zu haben, fremde Wörter an ihre Sprechgewohnheiten anzupassen. Aus der Zeit der amerikanischen Besatzung erinnert man sich im Süden Deutschlands noch an Lautgebilde wie *Batschelou* (Buchloe) oder *Mantschen* (München). Oder man denke an die *Tschämpsileisis* (Champs-Élysées) in Paris. Bei der Übernahme von Schreibungen hingegen sind die Anglophonen wesentlich behutsamer: *Spaghetti* oder *llama* werden so belassen, wie sie sind. Von erheblicher Bedeutung wird diese bewahrende Haltung gegenüber der Schreibung, wenn es um Fremdwörter griechischen, lateinischen oder französischen Ursprungs geht. Konkret: Die ursprünglich lateinischen Wörter bleiben grosso modo in ihrer lateinischen Form. Eine Wortgruppe wie etwa *aggression in domestic animals* ist für viele, die ansonsten kein Englisch beherrschen, verständlich. Es ist also ein beträchtlicher Teil des englischen Wortschatzes bereits aus der Schriftform heraus erkennbar. Man täuscht sich zwar häufig genug in Bezug auf die Bedeutung, aber es wird der Eindruck einer Internationalität oder Supranationalität vermittelt – so, als böte sich diese Sprache besser als andere als Vehikel für internationale Kommunikation an. Damit geht die englische Rechtschreibung ganz andere Wege als zum Beispiel die italienische, in der man *mito, ritmo, sistema* schreibt. Man vergleiche hiermit englisch *myth*, *rhythm*, *system*, deren Schreibung den griechischen Ursprung deutlicher abbildet. Eine bekannte norddeutsche Politikerin bemerkte einmal, ihr würden sich die Nackenhaare sträuben, wenn sie an die Schreibung *Katastrofe* denke – sie sollte nach Italien gehen, in das Mutterland der europäischen Kultur, da würden sich ihr auch die Kopfhaare sträuben.

Schreib wie die Alten!

Die Erfindung beziehungsweise Einführung des Buchdrucks Ende des 15. Jahrhunderts war für die größeren europäischen Sprachen von herausragender Bedeutung. Für das Englische kann man sagen, dass sich die Druckerzeugnisse in ihrer Schreibung am Sprachstand von etwa 1500 ausrichteten und dass sich die Schreibung seit etwa 1600 nicht mehr wesentlich verändert hat. Die englische Schreibung ist daher eine sogenannte historische Schreibung, zu deren Konsequenzen es gehört, dass Texte aus dem 17. Jahrhundert auch dem heutigen Leser zugänglich sind. Lautliche Entwicklungen haben seither in der Schrift nicht mehr zu Veränderungen geführt. Das Englische dieser Zeit war bereits eine Mischsprache mit altenglischen, altnordischen und verschiedenen französischen Einflüssen. Und mit etwas Übung kann man an der Schreibung der Wörter erkennen, welcher Herkunft sie sind.

Die Zeit zwischen 1500 und 1600 ist auch die Epoche der Renaissance, der Wiederbesinnung auf die antike römische und griechische Kultur. Den englischen Sprachbetrachtern blieb damals nicht verborgen, dass das Italienische, Französische und Spanische viel stärker dem Lateinischen verbunden waren als das Englische. Es entstand eine einflussreiche

Bewegung, die der Ansicht war, dass das Englische eine völlig unterentwickelte, unzivilisierte und barbarische Sprache sei, vor allem: unfähig dazu, höhere Gedanken auszudrücken. Das Heilmittel war schnell gefunden, nämlich ein massenhafter Import von lateinischen Wörtern wie *inflammation, carnivorous, subordination*, die vor allem im Zuge von Übersetzungen in die englische Sprache aufgenommen wurden. Selbstverständlich wurde dabei die lateinische Schreibung beibehalten, denn der Sinn des Ganzen bestand ja darin, zu zeigen: Auch wir sind ein Kulturvolk. Bei manchen schon früher entlehnten lateinischen Wörtern wurde der Latinität nachträglich etwas nachgeholfen, insbesondere dann, wenn deren lateinischer Ursprung nicht mehr deutlich erkennbar war. In das vorhandene *receit* fügte man ein *p* ein, um auf das lateinische *receptum* zu verweisen; *parson* wurde wegen lateinisch *persona* durch *person* ersetzt; *varsity* durch *university*, um die Verwandtschaft mit lateinisch *universitas* hervorzuheben. Und in einer Art *Drag-and-drop*-Verfahren schnitt man das *s* aus lateinisch *insula*, um es in die alte Schreibung *iland* einzufügen – dadurch erklärt sich der Unterschied zwischen englisch *island* und deutsch *Eiland*.

Die auf die Renaissance zurückgehende Sprachideologie ist die Ursache für den erwähnten Konservatismus in der Schreibung. Sie ist auch der Ursprung eines wesentlichen Prinzips der englischen Orthographie, nämlich einer Art Multi-Systematizität. Sie besteht darin, dass die Rechtschreibung des heutigen Englisch auf die Systeme mehrerer Sprachen zurückgeht. Diese germanischen, französischen, lateinischen und griechischen Wurzeln sorgen bis heute dafür, dass ein und derselben Schreibung mehrere Laute zugeordnet werden. So spricht man zum Beispiel die Buchstabenfolge *ou* in Wörtern germanischer Herkunft als *au* aus (*house, mouse*). In Wörtern französischer Herkunft steht *ou* dagegen für ein langes *u* (*rouge, coup*); das gilt auch für einige Wörter griechischer Herkunft (*nous, noumenal*). In unbetonten Silben ursprünglich lateinischer Wörter wird *ou* wiederum als Schwa-Laut ə ausgesprochen (*luminous, vicous* – ein gemurmeltes *e* wie in *Ruhe*). Darüber hinaus gibt es im Englischen noch die sogenannten *foreign words*, Wörter, die nicht mit den oben erwähnten Systemen in Verbindung stehen, wie etwa *llama, Czar, götterdämmerung, vorsprung*.

Schreib grammatisch!

Dass die englische Rechtschreibung vielleicht chaotisch wirkt, aber dennoch systematisch ist, zeigt sich auch an einem lange übersehenen Phänomen: Es gibt nämlich eine erstaunliche Verbindung zwischen der Länge von Wörtern, ihrer Funktion im Satz und ihrer Schreibung.

Eine ganze Reihe von Wörtern besteht nur aus zwei Lauten, die mit zwei Buchstaben geschrieben werden, etwa *in, to, at, or, we, no*. Bis auf die Wörter *do, go* und *ox* handelt es sich dabei um sogenannte Funktionswörter, also inhaltsarme Wörter, die zum Bereich der Grammatik gehören. Dies hat man so interpretiert, dass die Kürze dieser Wörter eine lesesteuernde Funktion haben könnte, dass also die Anzahl der Buchstaben auf ihre grammatische Funktion verweist. Das kann auch gut so sein. Es gibt nämlich einige Wörter, die nicht solche Funktionswörter sind und auch nur aus zwei Lauten bestehen – aber diese zwei Laute werden dann mit drei oder mehr Buchstaben geschrieben: *ill, egg, buy, toe, tee, tea, woo, key, whey*. Solche Wörter bezeichnet man als »lexikalische Wörter«, mit ihnen nimmt man Bezug auf Dinge, Eigenschaften und Vorgänge. Ein lexikalisches Wort im Englischen braucht also sozusagen das Fleisch von mindestens drei Buchstaben, ein grammatisches braucht nur zwei. Dieses Prinzip erleichtert das Lesen.

Nebenbei bemerkt: Die Leseerleichterung motiviert auch die Groß- und Kleinschreibung im Deutschen. Die Großschreibung von Substantiven ermöglicht es, sie im Satz auf den ersten Blick zu erkennen – und damit, die Struktur des Satzes besser zu erfassen. Das ist bis heute das Hauptargument dafür, den Sonderweg der Großschreibung im Deutschen beizubehalten.

Schreib nach Wortverwandtschaften!

Es vermengen sich bei der Verschriftung einer Sprache zwei Bereiche: Die Schreibung ist nicht nur an den Lauten orientiert, sondern auch daran, dass wir ein und denselben Wortbaustein in verschiedenen Wortbildungen und Wortformen wiedererkennen wollen. Im Deutschen wird das Wort *Rad* mit *d* geschrieben, obwohl man das *d* als *t* ausspricht. Das liegt daran, dass der Wortbaustein *Rad* in *radeln* und *Räder* mit *d* gesprochenen wird. Würde *Rad* geschrieben, wie man es spricht (nämlich *Rat*), wäre die Wortverwandtschaft zu *radeln* und *Räder* weniger offensichtlich – im Gegenteil könnte es sogar zur Verwechslung mit dem Wort *Rat* führen.

Das Englische hat eine recht hohe Zahl von Wörtern des Typs *equal – equality*, Wörter also, in denen ein und derselbe Baustein unterschiedlich ausgesprochen, aber gleich geschrieben wird. Dass *equality* im Unterschied zu *equal* mit einem *o*-Laut gesprochen wird, wird durch den Wechsel des Wortakzents bedingt. In der Schreibung wird das aber zugunsten der Wiedererkennbarkeit des Wortbausteins ignoriert, ähnlich verhält es sich bei *manor – manorial, major – majority, photo – photography – photographical*.

Schreib nach Bedeutung!

Auffällig viele Wörter im Englischen werden gleich ausgesprochen, aber unterschiedlich geschrieben, es handelt sich also um sogenannte Homophone. In der modernen Hochsprache reimt etwa *tar* mit *tyre* und auch *tower* oder *paw* mit *pore* und *poor*. Die unterschiedliche Bedeutung dieser gleichlautenden Wörter wird immerhin in ihrer Schreibung sichtbar. Anders ist das bei den sogenannten Homonymen, also Fällen wie *ear* (›Ohr‹) und *ear* (›Ähre‹), in denen die Wörter gleich ausgesprochen und gleich geschrieben werden, obwohl sie etwas anderes bedeuten. Offensichtlich macht es also Sinn, zugunsten der Unterscheidung gleichlautender Wörter nicht nach dem Prinzip »Schreib, wie du sprichst« zu verfahren. Auf eine kurze Formel gebracht, bedeutet das: Vermeide Homonyme – schreib nach Bedeutung!

Das Phänomen der Homophonie hat einen interessanten Nebenaspekt. Wie in anderen Ländern ist es auch in Großbritannien verboten, Wörter des normalen Wortschatzes als Markennamen zu verwenden. Als Kaffeefabrikant darf man seinem Kaffee nicht den Markennamen *Coffee* geben, wohl aber könnte man das Produkt *Coffy* nennen, also zur gleichen Lautung eine unübliche Schreibung wählen. Ein Kühlschrank darf nicht *Frigid Air* heißen, wohl aber *Frigidaire*. Im Spiel mit dem Gleichklang entstanden Markennamen wie *Tredayre* (für Teppiche, auf denen man wie auf Luft läuft), *Kleenex* (die dafür sorgen, dass alles *clean* ist), *Sun-Maid* (für Rosinen, die *sunmade*, also sonnengereift sind) oder *Tuff Kote* (aus *tough coat* ›beständiger Lack‹). Solche Kreativität wird im englischen Sprachraum gerne gesehen und entsprechend geschätzt. Wir in Deutschland wären von Markennamen wie *Bestendiger Lak* oder einem Waschmittel *Saoberkait* nicht begeistert und würden hinter den Herstellern solcher Produkte eher Analphabeten vermuten. Allerdings gibt es bei uns *Sunlicht* (nach dem Zweiten Weltkrieg fiel es vielen schwer, den Markennamen *Sunlight* korrekt auszusprechen), und der französische korrekt geschriebene *Bressot* heißt inzwischen *Bresso*, da allzu viele das *t* am Ende überbetonten.

In englischen Texten ist im Schnitt jedes zehnte Wort ein Mitglied eines Paares gleichlautender Wörter. Die existierenden Listen solcher Homophone schwanken zwischen 400 und 1000 Paaren, je nach Definition und zugrundegelegter Aussprache. Problematisch wird das bei sehr häufig verwendeten Wörtern wie *be, been, for, two, but* (homophone Partner für diese Wörter sind: *bee, bean, four, too, butt*). Die unterschiedliche Schreibung sorgt aber dafür, dass sich die äußerliche Erscheinungsform der Wörter gleichsam als Bild einprägt und wir mit diesem die entsprechende Bedeutung verbinden. Das ist übrigens auch hilfreich bei Wörtern, die sich nur in Bezug auf einen Laut unterscheiden, zum Beispiel *bird, word, herd, curd, purred*. Die englische Orthographie strebt so nach Schreibungen, die das schnelle Wiedererkennen einzelner Wörter erleichtern.

Die Rechtschreibung des Englischen ist also nicht so chaotisch, wie sie auf den ersten Blick vielleicht scheinen mag – sie folgt vielmehr Prinzipien, die den Umgang mit Texten erleichtern: Die fixe Orthographie vereinfacht das Lesen, gleichlautende Wörter werden auseinandergehalten, verwandte Wörter werden identisch geschrieben, sogar die Länge des Wortkörpers hat eine Funktion – und nicht zuletzt bewahrt die Schreibung die Herkunft und die Geschichte der Wörter.

Die Eskimos haben 200 Wörter für ›Schnee‹

Alles begann mit einer harmlosen Bemerkung von Franz Boas, einem einflussreichen amerikanischen Anthropologen und Linguisten deutscher Abstammung. Boas erwähnt in der Einleitung zu seinem 1911 erschienenen monumentalen, dreibändigen *Handbook of American Indian Languages* eher beiläufig, die Eskimos hätten vier Wörter für Schnee, die er wie folgt umschrieb:

aput	›snow on the ground‹ / ›liegender Schnee‹
gana	›falling snow‹ / ›fallender Schnee‹
piqsirpoq	›drifting snow‹ / ›treibender Schnee‹
qimuqsuq	›a snow drift‹ / ›Schneetreiben‹

Es ging ihm dabei gar nicht um die »Eskimosprache« oder darum, was ein Wort ist, sondern um ein Beispiel für ein bekanntes Prinzip: Die Beziehung zwischen Form und Inhalt (beziehungsweise zwischen Wort und Bedeutung) kann von Sprache zu Sprache gesehen unterschiedlich sein. So kommt im Englischen und Deutschen in jeder Umschreibung das Wort *snow* beziehungsweise *Schnee* vor, im »Eskimo« aber nicht: Hier handelt es sich um vier unterschiedliche Wörter für ähnliche Bedeutungen, die keine formale Ähnlichkeit miteinander haben. Im Englischen und Deutschen dagegen gibt es ähnliche Wörter für ähnliche Bedeutungen.

Dass die Form-Inhalt-Relation nicht in allen Sprachen gleich ist, war schon zu Boas' Zeiten keine besonders überraschende Neuigkeit, sondern seit Jahrhunderten bekannt. Er wollte dieses Grundprinzip nur deshalb ins Gedächtnis rufen, weil es für das Verständnis der Grammatik der amerikanischen Indianersprachen (um die es ja in seinem Handbuch ging) wichtig ist. Es ging ihm jedoch nicht darum, einen grundsätzlichen Gegensatz zwischen den Sprachen zu konstruieren. Im Gegenteil, er weist auch auf Ähnlichkeiten hin: Wie im Eskimo kann man im Englischen und Deutschen völlig verschiedene Wörter für ähnliche Bedeutungen verwenden:

engl. *powder, sleet, slush, dusting, flurry ...*
dt. *Firn, Harsch, Pulver, Sulz ...*

Benjamin Lee Whorf bringt den Stein ins Rollen

Der zweite Hauptdarsteller in unserer Geschichte und eigentliche Geburtshelfer unseres Irrtums ist Benjamin Lee Whorf, ein amerikanischer Amateurlinguist. Er griff 1940 Boas' harmlose Bemerkung über die Beziehung zwischen Form und Bedeutung bei den Wörtern für ›Schnee‹ im Eskimo und Englischen auf und verkehrte sie zunächst einmal in ihr genaues Gegenteil. Anders als Boas behauptete Whorf, es gebe einen wesentlichen Gegensatz zwischen den Sprachen. Als Beleg dafür nannte er zum einen die hohe Anzahl der Wörter für ›Schnee‹ und zum anderen das Fehlen eines Oberbegriffs für alle Arten von Schnee im Eskimo.

Während für uns also alles ›Schnee‹ sei, egal ob dieser weiße Stoff falle, liege, hart oder weich, nass oder trocken, frisch oder alt sei, seien diese Arten des weißen Stoffs für die Eskimos völlig unterschiedliche Substanzen, die miteinander gar nichts oder nur wenig zu tun hätten: Kommen sie morgens aus ihren Iglus (auch zu Whorfs Zeiten lebten die wenigsten Eskimovölker in Iglus), sehen sie nicht, dass es geschneit hat und alles von Schnee bedeckt ist, sondern sie sehen verschiedene Arten dieses weißen Niederschlags, ohne einen Zusammenhang zwischen ihnen herzustellen. Den Zusammenhang können sie nicht erkennen – so behauptet Whorf kühn und falsch –, weil dies die besondere Struktur ihres Wortschatzes verhindert. Diese Struktur bewirke, dass die Eskimos ihre Umwelt anders wahrnähmen als wir.

Whorf will mit diesen Ausführungen eine bestimmte These über den Zusammenhang zwischen Sprache und Weltbild belegen, die sich folgendermaßen formulieren lässt: Unsere Sicht der Welt wird bestimmt durch die Art der Sprache, die wir sprechen; Wortschatz und Grammatik unserer Sprache sind wie ein Filter, der bestimmte Wahrnehmungen zu uns durchlässt und andere abhält.

Dies ist der erste Sündenfall, der zur Entstehung des besagten populären Irrtums geführt hat: Whorf löst Boas' Eskimo-Schnee-Beispiel aus seinem argumentativen Kontext; er verwendet es als Beleg für eine völlig andere These; er überprüft nicht, ob die von Boas genannten Wörter tatsächlich verschiedene Arten von Schnee bezeichnen; er stützt seine Argumentation auf weitere englische Umschreibungen eskimosprachlicher Wörter für Schnee, die er aber nicht nennt. Whorf geht also nicht von den tatsächlichen Daten aus und verallgemeinert sie zu allgemeinen Aussagen, sondern er geht umgekehrt von allgemeinen Behauptungen aus und bastelt sich seine eigenen passenden Beispiele dazu. Kurz und gut: Whorf manipuliert, ja, konstruiert Fakten, ob bewusst oder gedankenlos-fahrlässig, das sei dahingestellt: Dies ist in unserer Geschichte der erste Beleg für unseriöse wissenschaftliche Arbeit. Welche Ironie, wenn man sich vor Augen hält, dass Boas seinen kleinen Ausflug ins Eskimo gerade auch deshalb unternahm, um vor oberflächlichen Vergleichen von Sprachen zu warnen!

Der Irrtum wird populär und zur Wanderlegende

Whorfs Behauptung fand (mit einiger Verzögerung, etwa ab 1960) Eingang in mehrere gern benutzte Lehrbücher der Anthropologie und – etwas später – auch der Sprachwissenschaft. Und während Boas von vier und Whorf von ein paar mehr Eskimo-Wörtern für Schnee sprach, wuchs in diesen Textbüchern die Zahl der Wörter allmählich auf wundersame Weise an, natürlich ohne Belege. Bald gab es kein Halten mehr: Die falsche Behauptung über die zahlreichen Eskimo-Wörter für Schnee wurde fester Bestandteil der akademischen Überlieferung. Wie eine Wanderlegende breitete und breitet sie sich schnell auch in den nicht-wissenschaftlichen Medien aus und wurde dadurch endgültig zum unwiderlegbaren populären Irrtum.

Man möchte sagen, die Zahl der Wörter für Schnee vergrößerte sich nach dem Schneeballprinzip im Laufe der Jahre auf absurde Weise. Hier ein paar Belege, die vom Sprachwissenschaftler Geoffrey Pullum gesammelt wurden: Von fünfzig Wörtern für Schnee wird in einem amerikanischen Theaterstück aus dem Jahr 1978 gesprochen, von bereits einhundert Wörtern ist in einem Leitartikel der *New York Times* aus dem Jahr 1988 die Rede. Schon zweihundert Wörter werden in einem Wetterbericht des Cleveland TV-Channel erwähnt, und gar vierhundert sind es laut einem Artikel einer amerikanischen Illustrierten.

Aber auch im deutschsprachigen Raum findet der Irrtum lebhaft Anklang, wie die nachfolgenden Beispiele illustrieren: So heißt es in einer Rezension von *Fräulein Smillas Gespür für Schnee* in der *Süddeutschen Zeitung*: »Über 40 Begriffe sollen die Eskimos in ihrem Wortschatz haben, allein um Schnee zu benennen. Ein Zeichen dafür, welche hohe Bedeutung die weißen Flocken für das Volk der Inuits haben.« Im Internet-Portal *Lehrer online* findet sich folgender

Hinweis: »Die oftmals aus Unkenntnis als Eskimos bezeichneten Inuits kennen in ihrer Sprache etwa 50 verschiedene Wörter für ›Schnee‹. So unterschiedlich die Erscheinungsformen des Schnees sind, so vielfältig sind auch die Möglichkeiten für ein Unterrichtsprojekt zu dem Thema.« Im Weblog *Tageskritik* ist zu lesen: »So wie die Sprache der Eskimos hundert verschiedene Worte für Schnee kennt, so kennt die Sprache der deutschen Vorstände plötzlich hundert verschiedene Worte für Entlassung ...« Auch in der Werbung findet sich der populäre Irrtum wieder: Man erreiche »Hamburg mit nachhaltigen Erinnerungen an Eis und Schnee: Die Eskimos haben dafür über hundert Worte in ihrer Sprache. Wie viele Worte werden Sie finden?« (MS Deutschland: *Auf Entdeckerkurs*). Dass der Mythos auch in akademischen Zusammenhängen noch eine Rolle spielt, zeigt das folgende Beispiel aus einer Pressemitteilung der Technischen Universität Berlin vom 27. Mai 2004: »Schnee wird nicht immer Schnee genannt. Die Inuit kennen über hundert Wörter für Eis und Schnee. Warum das so ist ..., das erfahren [Sie] bei der 4. Langen Nacht der Wissenschaften am 12. Juni 2004 im TU-Hochhaus am Ernst-Reuter-Platz.« Weit mehr Wörter für Schnee werden im Magazin *Jetzt* vom 22. August 2007 veranschlagt: »Eskimos haben 300 Worte für ›Schnee‹? Na und, wir hätten dann 500 Worte für ›Angst‹!«; und Oliver Stolle stellt im Magazin *Neon* im Artikel »Wörter für Gottes Ohr« vom 10. April 2006 klar: »In der Sprache der Ureinwohner der arktischen Regionen gibt es zwar eine Menge Wörter für Schnee, es sind aber in keiner die sprichwörtlichen tausend.« Besonders zur Verbreitung des populären Irrtums dürfte auch der Film *Being John Malkovich* beigetragen haben, auch wenn dort nur von neunundvierzig Wörtern für Schnee die Rede ist.

Der Fairness halber muss erwähnt werden, dass seit einigen Jahren ein aufrechtes Fähnlein von Sprachwissenschaftlern tapfer gegen den Mythos anstreitet. Und manchmal sogar mit Erfolg: Am 20. Januar 2007 erschien in der *Süddeutschen Zeitung* ein kleiner Artikel, in dem der Irrtum zum Irrtum erklärt wird. Auch im Internet findet man immer häufiger Richtigstellungen.

Dennoch: Populäre Irrtümer, Mythen, Wanderlegenden sind außerordentlich zäh und langlebig! Und obwohl diese ganze Geschichte eigentlich Schnee von gestern sein sollte, fragt sich offenbar mancher, ob nicht doch etwas dran ist bzw. ob es nicht doch viele Wörter für Schnee im Eskimo gibt. Hier treten Sprachwissenschaftler auf den Plan und machen das, was wir immer machen oder doch machen sollten, im Falle dieses Mythos jedoch lange Zeit nicht gemacht haben: Sie fragen kritisch nach, sie hinterfragen. Erstens: Wer sind die Eskimos und welche Sprache sprechen sie? Zweitens: Was sind Wörter für Schnee? Drittens: Was ist überhaupt ein Wort? Und viertens: Was versteht man unter einem Wort in den Eskimo-Sprachen?

Wer sind die Eskimos und welche Sprache(n) sprechen sie?

Es gibt die Sprachfamilie des *Eskimo-Aleutischen*, deren Sprachen und Dialekte von rund 160 000 Menschen in einem Gürtel gesprochen werden, der von Nordost-Sibirien über Alaska und Nord-Kanada bis Grönland reicht:

Zu dieser Sprachfamilie gehört zum einen die fast ausgestorbene Einzelsprache Aleutisch mit ihren nur noch ungefähr siebenhundert Sprechern auf dem Aleuten-Archipel in der Beringsee. Zum anderen zählen zu ihnen die Eskimo-Sprachen, die man in zwei Gruppen einteilt, nämlich das Yupik (in Sibirien und im Westen Alaskas) sowie das Inuit.

Inuit wird von etwa 100 000 Sprechern in Nord-Alaska,

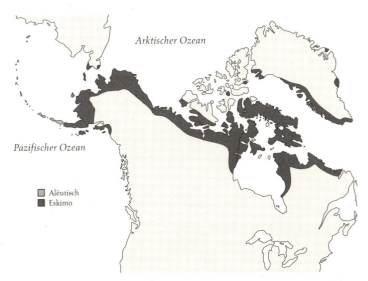

Abb. 11: Sprachfamilie des Eskimo-Alëutischen

Nord-Kanada sowie etwa 50 000 Sprechern in Grönland verwendet und gewöhnlich unterteilt in Inupiaq (hauptsächlich Nord-Alaska), Inuktun (Mackenzie Delta), verschiedene Dialekte des Inuktitut (Nord-Kanada, Baffin Island), Inuttut (Labrador) und Kalaallisut (mit drei Dialekten). Dies sind jeweils Dialektketten, das bedeutet, dass sich die Sprecher von Dialekten aus angrenzenden Gebieten verstehen, während sich Sprecher aus räumlich entfernteren Gebieten nicht mehr verstehen können.

Die heute oft verwendete und vorgeblich politisch korrekte Bezeichnung *Inuit* für alle Eskimovölker und Eskimosprachen ist problematisch, da bei diesem Begriff die Yupik-Völker nicht berücksichtigt werden. *Inuit* bedeutet ›Menschen‹. Die Bezeichnung *Eskimo* entstammt der Sprache der Cree- und Algonkin-Indianer, die angrenzend an die Inuit siedelten. Üblicherweise wird das Wort als ›Rohfleischesser‹

gedeutet. *Eskimo* in der Bedeutung ›Rohfleischesser‹ wird von vielen, doch längst nicht von allen Inuit als herabsetzend angesehen. 1977 fasste deshalb die *Inuit Circumpolar Conference* in Barrow den Beschluss, die Bezeichnung *Eskimo* generell durch *Inuit* zu ersetzen. Die Bezeichnung *Inuit* hat sich im Westen des Sprachraums (nordwestliches Kanada, Alaska) bislang allerdings nicht durchgesetzt. Deshalb ist *Eskimo* vielleicht (zumindest bei den Inuit) weniger politisch korrekt, aber verbreiteter und umfassender als die Bezeichnung *Inuit*.

Abb. 12: Yupik- und Inuit-Sprachen

Was sind Wörter für Schnee?

Schnee oder »Schneeiges« kommt in allen möglichen Zuständen und Formen vor; viele Dinge, Vorgänge, Handlungen haben mit Schnee zu tun. Wir müssen also wissen, ob man sich mit diesen Wörtern auf Schnee bezieht, der auf dem Boden liegt wie bei *Firn* und *Schneematsch* oder ob es um Schnee geht, der auf dem Boden steht wie beim *Schneemann*. Oder handelt es sich um Schnee, der sich auf dem Boden türmt (*Schneeverwehung*), der von oben kommt (*Schneeregen, Schneeflocken, Graupel*), der verarbeitet wird (*Iglu*), der von Menschen geworfen wird (*Schneeball*) oder der sich ohne menschliches Zutun bewegt (*Lawine* oder *Schneebrett*)? Oder bezieht man sich auf Gegenstände und Tätigkeiten, die mit Schnee zu tun haben (*Ski, Schlitten, Schnee schaufeln* oder *schippen*)?

Und um welche Formen geht es? Werden als Wörter für Schnee nur Substantive zugelassen oder auch Adjektive wie *schneeig, schneeweiß* und Verben wie zum Beispiel *schneien, tauen* und *verwehen*? Dürfen es nur Grundformen sein (*Schnee, schneien, firnig*) oder auch Zusammensetzungen (*Schneeball*) und flektierte Formen (*Schneebälle, geschneit, firniger*)? In den Texten, in denen der Mythos angesprochen wird, werden diese Fragen nie gestellt – sie sind aber entscheidend!

Was ist ein Wort?

Will man definieren, was ein Wort ist, gibt es ein sehr einfaches, probates und weitverbreitetes Kriterium, das aber auch seine Tücken hat. Das Kriterium ist rein formal und auf die Schreibung bezogen, es lautet: Ein Wort ist eine lexikalische Form, die zwischen zwei Leerstellen vorkommt.

Wo die Tücken liegen, lässt sich an einem einfachen Beispiel aus dem Englischen klarmachen. In der Äußerung *When I was a boy, I went to school. And as a schoolboy I learned ...* zählt man nach dem genannten Kriterium fünfzehn Wörter, wenn man die Wörter *boy, school, schoolboy* als drei Wörter auffasst. Das scheinbar so klare Kriterium stellt sich aber schnell als problematisch heraus, wenn man etwa genanntes Beispiel mit folgender Äußerung vergleicht: *When I was a student, I went to university. And as a university student I learned ...* Warum in diesem Falle *university student* in zwei Wörtern geschrieben wird, ist unklar – nach dem genannten Kriterium zählt man nun aber im Gegensatz zum ersten Beispiel ein Wort mehr, nämlich sechzehn Wörter. Das bedeutet, dass das orthographische »Lückenkriterium« zur Definition dessen, was ein Wort ist, nur bedingt herangezogen werden kann – schon deswegen, weil im Englischen in vielen Fällen die Schreibung zusammengesetzter Wörter nicht festgelegt ist (schaut man in drei verschiedene englische Wörterbücher, findet man oft dreierlei Schreibungen: *seafront, sea-front* und *sea front* oder *flowerpot, flower-pot* und *flower pot*).

Ein anderes Problem für die Definition dessen, was ein Wort ist, ist die Flexion: Soll man die Substantive *girl* und *girls* als ein Wort oder als zwei Wörter zählen? Wie zählt man die verschiedenen Formen des Verbs *like, liked* und *liking* oder des Verbs *go, went* und *gone*? Kurz gesagt: Schon im Englischen erweist sich die Frage, was ein Wort ist, als problematisch – aber im Vergleich dazu sind in den Eskimo-Sprachen die Probleme mit der Wortdefinition noch ungleich größer!

Was ist ein Wort in den Eskimo-Sprachen?

Formal gesehen lässt sich das Kriterium der orthographischen Lücke zur Identifikation von Wörtern auf die Eskimo-Sprachen übertragen. Auch die Wörter dieser Sprachen können als ganze flektiert werden: Nomen werden dekliniert, Verben werden konjugiert. Allerdings unterscheiden sich diese Wörter deutlich in ihrem Aufbau (grammatisch) und in ihrer Bedeutung (semantisch) von dem, was wir als Wort bezeichnen.

Zu den Unterschieden hier ein Beispiel aus dem Inuktitut, das von der Eskimologin Elke Nowak stammt: Der Äußerung *pulaaniaqqaugaluarakkit kisiani sininnirrama* entspricht etwa die Übersetzung ›Obwohl ich beabsichtigte, dich zu besuchen, schlief ich ein (und kam nicht)‹. Der Aufbau des Ausdrucks *pulaaniaqqaugaluarakkit* (›obwohl ich beabsichtigte, dich zu besuchen‹) ist folgender:

pula	*aniaq*	*qau*	*galuaq*	*rakkit*
besuch-	Futur	Prät.	›obwohl‹	1./2. Pers. Sg. transitiv kausal

Wir haben ja auch lange Wörter im Deutschen, aber die Wörter aus dem Inuktitut können nicht nur lang sein, sondern sind oft auch erheblich komplexer – und zwar deshalb, weil sie ganzen Sätzen oder zumindest Teilsätzen entsprechen. Im Deutschen nimmt man in einem einfachen Satz, zum Beispiel *Maria und Anna hatten gestern Geburtstag*, zum einen Bezug auf Dinge oder (wie hier) Personen, zum anderen sagt man über diese Dinge etwas aus; ein einfacher Satz besteht somit aus Referenz und Prädikation.

Die Regeln für den Zusammenhang zwischen den entsprechenden Wörtern finden sich im Satzbau, aber eben *nicht* im Wortschatz. In den Eskimosprachen hingegen vermischen sich Satzbau und Wortschatz. Wie schwer diese voneinander zu trennen sind, zeigt sich z. B. im Inuinnaqtun: Ein Wort kann einer Substantivgruppe entsprechen (*patuqun* ›frostiger glitzernder Schnee‹), es kann aber auch einem Teilsatz mit Prädikation entsprechen (*patuqutaujuq* ›ist mit frostigem glitzernden Schnee bedeckt‹). Letzteres ist Ergebnis eines grammatisch-lexikalischen Prozesses, den man »Polysynthese« nennt und der typisch ist für nord- und südamerikanische Eingeborenensprachen. Stark vereinfachend könnte man sagen, dass solche polysynthetischen Sprachen komplexe Wörter mit Satz- oder Teilsatzstatus durch die Verbindung (fast beliebig) vieler gebundener Wortelemente mit einem freien Wort bilden.

Selbstverständlich gibt es auch in den Eskimosprachen freie Wörter (Simplizia), zum Beispiel aus dem Inuktitut *nanuq* (›Eisbär‹), *angut* (›Mann‹), *arnaq* (›Frau‹) oder *nutaraq* (›Kind‹). Sie kommen aber selten in dieser einfachen Form vor, sondern dienen in der Regel als Ausgangspunkt für die Hinzufügung von Affixen – also gebundenen, unselbständigen Wortbestandteilen. Einfache, freie Wörter dienen also als Basis für die Polysynthese. Affixe übernehmen all die Funktionen, die im Deutschen von frei vorkommenden Wörtern wie Adjektiven, Konjunktionen, Präpositionen usw. erfüllt werden. Ein Beispiel dafür, dass ein bei uns frei vorkommendes Adjektiv im Inuktitut als gebundenes Element innerhalb eines Wortes auftaucht, ist der Ausdruck *nanualuk* (›ein riesiger Eisbär‹). Dieser Ausdruck ist zurückzuführen auf die Elemente *nanuq* und *aluk*, wobei das Affix *-(a)aluk* die Bedeutung ›riesig, mächtig‹ trägt.

Affixe können im Inuktitut aber auch die Wortklasse des freien Wortes, mit dem sie sich verbinden, verändern. So gibt es Affixe, die ein allein stehendes Substantiv wie *qim-*

miq (›Hund‹) zu einer verbalen Bildung machen (-*qaq*- in *qimmiqaqtunga* ›ich habe einen Hund‹).

Diese Beispiele illustrieren, dass im Gegensatz zum Deutschen der Anzahl der Affixe, die aneinandergefügt werden können, prinzipiell keine Grenzen gesetzt sind. Jede Art der Weiterbildung ist möglich, solange die Gedächtnisleistung des Sprechers und Hörers ausreicht und das komplexe Wortgebilde noch verständlich ist. Die bereits erwähnte Eskimologin Elke Nowak schreibt: Es könne »gar nicht stark genug hervorgehoben werden wie flexibel und spontan dieser Prozeß ist. Man muß also davon ausgehen, daß es ›fertige‹ Wörter in Inuitsprachen nicht gibt, Wörter vielmehr dem Bedürfnis des Augenblicks entsprechend gebildet werden«. In diesem Sinn sei die Synthese eines Nomens/Verbs mit einem Affix nur der »Anfang einer u. U. langen Kette von Um- und Weiterbildungen, deren Endprodukt zunächst gar nicht abzusehen, geschweige denn festgelegt ist. Es liegt auf der Hand, daß deshalb die Erstellung eines Lexikons für Inuktitut große Probleme aufwirft.«

Denn diese unzähligen komplexen Wörter stehen ebenso wenig im Lexikon wie im Deutschen die entsprechenden Sätze. Im Inuktitut sind »fast alle im Satz gebrauchten Wörter nicht-lexikalisierte Spontanbildungen«; »einem synthetischen Wort entspricht immer eine Phrase oder ein Nebensatz«, ein verbales synthetisches Wort ist »immer eine vollständige Aussage«.

Auf diese Weise wird schnell deutlich, wie unsinnig die Aussage »Eskimos haben mehr Wörter für Schnee« ist: Da in den Eskimosprachen Wörter den Status von Sätzen haben, müsste es eigentlich heißen:» Eskimos haben mehr Sätze mit/über Schnee als wir« – und diese Aussage ist absurd. Dies gilt nicht nur für das Wort für ›Schnee‹, sondern ebenso für alle anderen Wörter im Eskimo. Selbstverständlich wäre die Behauptung, dass die Eskimos hunderte Wörter für

›Stein‹ ›Tisch‹, ›Wolke‹ etc. hätten, mindestens ebenso unsinnig.

Sinnvoll ist allenfalls die Frage, wie viele freie Wörter für ›Schnee‹ es in einer bestimmten eskimo-aleütischen Sprache gibt. Boas spricht von *aput* ›Schnee auf dem Boden‹ und *gana* ›fallender Schnee‹. Im *Dictionary of the West Greenlandic Eskimo Language* findet man auch nur zwei einfache Wörter, nämlich *qanik* ›Schnee in der Luft‹ und ›Schneeflocke‹ *aput*. Andere setzen eine etwas höhere Zahl an, weil sie ›Schnee‹ in einem weiteren Sinn interpretieren, zum Beispiel in Yupik *siku* ›Meereseis‹, *nilak* ›Frisch-/Süßwassereis‹, *kusugaq* ›Eiszapfen‹, *sirmiq* ›Gletscher‹ und ein paar andere, insgesamt 15, einschließlich *aput* und *qanik*. Das sind sicherlich nicht mehr als im Deutschen (oder Englischen): *Schnee, Firn, Harsch, Pulver, Sulz, Matsch, Eis, Gletscher, Lawine, Blizzard, Griesel, Graupel, Hagel* ... Damit schmilzt bei näherer Betrachtung der Schnee-Irrtum dahin.

Aber selbst dann, wenn man annimmt, es würde in Eskimo-Sprachen zwanzig oder mehr einfache Wortstämme/Simplizia für Schnee geben – was ließe sich aus sprachwissenschaftlicher Sicht dazu sagen? In erster Linie würde das kaum überraschen: Menschen erfassen ihre jeweiligen Umgebungen mit oder durch Sprache; und was in unserer Umwelt eine große Rolle spielt, wird auch sprachlich bedacht. Das Vokabular richtet sich nach entsprechenden Bedürfnissen. Man würde sich wohl kaum darüber wundern, dass Hundezüchter mehr Wörter für ›Hund‹, Fischer mehr Wörter für ›Fisch‹ und Maler mehr Wörter für ›Farbe‹ haben als andere Menschen.

Warum ist dieser Irrtum nicht längst Schnee von gestern?

Der populäre Irrtum hat sich inzwischen losgelöst und ist zu einer Floskel erstarrt, mit der ein Zusammenhang hergestellt wird zwischen den zahlreichen Wörtern für Schnee im Eskimo und einem aktuellen und mitunter ungewöhnlichen Sachverhalt – dem Ziel, diesen Sachverhalt als fremd und von den gesellschaftlichen oder sprachlichen Normen abweichend zu markieren.

In der Regel ist dies gedankenlos, harmlos und demonstriert lediglich die Unkenntnis des Autors – dafür haben wir mehrere Belege gesehen. Gelegentlich aber sind die Äußerungen auch weniger harmlos, wie ein Beispiel aus *The Economist* aus dem Jahr 2003 zeigt: »If Eskimos have dozens of words for snow, Germans have as many for bureaucracy.« (›Wenn die Eskimos Dutzende Wörter für Schnee haben, so haben die Deutschen ebenso viele für Bürokratie.‹) Und auch bei folgender Äußerung aus dem *tagesanzeiger* »Die Inuit mögen hundert Wörter kennen für Schnee, die Belgier kennen fünfmal so viele für Bier …« ist leicht zu erkennen, dass hinter der Verwendung eine ausgrenzende und herabsetzende Absicht steht.

Warum gerade die Eskimos?

Der Wörter-für-Schnee-Irrtum reiht sich ein in eine Liste ähnlicher Behauptungen, die allerdings seltener zitiert werden; etwa die Behauptung, im Arabischen gäbe es zwanzig, fünfzig oder hundert Wörter für ›Sand‹ und für ›Pferd‹ oder in Beduinensprachen einhundertsechzig Wörter für ›Kamel‹. Aber warum ist es gerade das Eskimo, das im Vordergrund steht? Für Whorf und seine Anhänger, aber wohl auch für viele von uns, handelt es sich um eine kleine exotische Ethnie mit einer noch exotischeren Sprache, die sich durch Aussehen, Lebensweise, Sitten und Gebräuche sowie ihre Siedlungsorte von anderen (und natürlich auch von uns) leicht unterscheiden lässt und über die wir so gut wie nichts außer Klischees kennen. Zu diesen Klischees gehört etwa, dass Eskimos nur rohes Fleisch essen, zur Begrüßung ihre Nasen aneinander reiben, ihre Alten auf Treibeisschollen aussetzen, um sie sterben zu lassen, und eben, dass sie dutzende oder hunderte Wörter für Schnee haben. Mit dieser voreingenommenen, klischeebehafteten und ethnozentrischen Sicht auf die Sprachen der Eskimo-Völker haben Whorf und seine Nachfolger zum einen die Komplexität dieser Sprachen verkannt und zum anderen auf unzulässige Weise von der Sprache (so wie sie sie zu kennen glaubten) auf die intellektuellen Fähigkeiten ihrer Benutzer geschlossen – und dadurch ein unzutreffendes Bild dieser Völker konstruiert.

Sprachlicher Determinismus und das Prinzip der sprachlichen Relativität

Speziell auf den populären Schnee-Irrtum bezogen, lässt sich also folgendes zusammenfassen: Der angeblich fehlende allgemeine Oberbegriff für ›Schnee‹ und die zahlreichen speziellen Einzelwörter für ›Schnee‹ galten als Beleg für zwei Thesen, nämlich dass erstens sogenannte primitive Völker unfähig seien, abstrakt zu denken, und dass zweitens die Beschaffenheit der Sprache die Sicht der Welt eindeutig festlege.

Diese Vorstellung bezeichnet man als sprachlichen Determinismus. Sie wird meist auf Wilhelm von Humboldt zurückgeführt, hat aber eine viel längere, jahrhundertealte

Tradition. Bei Humboldt heißt es: »Ihre Verschiedenheit ist nicht eine von Schällen und Zeichen, sondern eine Verschiedenheit der Weltansichten selbst.«

Die Vorstellung, dass jede Sprache ihre eigene Weltanschauung widerspiegle, findet sich in verschiedenen Reflexionen über Sprache in einer starken und einer schwachen Version. Die starke Version lautet: Unsere Sprache determiniert unser Denken, Handeln und Verhalten vollständig, sie kontrolliert unsere Sicht der Welt. Gedankliche Konzepte, die in unserer Sprache nicht kodiert sind, sind unserem Denken (und Wahrnehmen) nicht zugänglich. Oder, wie Karl Kraus es ausdrückt: »Sprache ist die Mutter, nicht die Magd des Gedankens.« Diese Position wird selten vertreten, aber unberechtigterweise oft Whorf zugeschrieben.

In der schwächeren Version wird behauptet, dass unsere Sprache eine bestimmte Sicht der Welt zwar nahelegt, aber alternative Sichtweisen nicht ausschließt. Gedankliche Konzepte, die in unserer Sprache kodiert sind, sind für unser Denken und Wahrnehmen einfach auffälliger als nicht in der Sprache kodierte Konzepte – das heißt, sie sind leichter zugänglich, leichter zu erinnern und auch außerhalb des an Sprache gebundenen Denkens leichter zu erkennen und zu verarbeiten.

Da jede Sprache in ihrem je eigenen sozio-kulturellen Umfeld erlernt wird und dieses Umfeld widerspiegelt, können wir auch sagen: Unsere Kultur beeinflusst unsere Art zu denken *durch* unsere Sprache. Damit einher geht die Überzeugung, dass wir all unser Wissen nur durch Erfahrung erwerben und, so behauptet auch Whorf, dass alle menschliche Erfahrung sprachlich verfasst ist: Wir seien »nicht nur auf Sprache angewiesen, um uns einen Begriff von der Welt zu machen und zu kommunizieren, sondern die Welt tritt uns selbst schon als eine sprachlich konstruierte entgegen ...«

Die bekannteste Ausprägung des Determinismus stellt das sogenannte Prinzip der sprachlichen Relativität oder auch die Sapir-Whorf-Hypothese dar. Sie wird so genannt, weil sie von Whorf formuliert wurde, der sich auf seinen Lehrer Edward Sapir berief. Die Sapir-Whorf-Hypothese fand ihren Niederschlag in klassischen und viel zitierten Passagen:

> We dissect nature along lines laid down by our native languages. The categories and types that we isolate from the world of phenomena we do not find there because they stare every observer in the face; on the contrary, the world presents itself in a kaleidoscopic flux of impressions which has to be organized by our minds – and this means largely by the linguistic systems in our minds. We cut nature up, organize it into concepts [...] largely because we are parties to an agreement to organize it in this way – an agreement that [...] is codified in the patterns of our language.

Frei übersetzt: Wir zerlegen die Natur nach den Vorgaben unserer Muttersprachen. Die Kategorien und Arten, die wir aus der Welt der Phänomene herausisolieren, finden wir dort nicht einfach deshalb, weil sie uns ins Gesicht springen; im Gegenteil, die Welt präsentiert sich uns in einer kaleidoskopischen Vielfalt von Eindrücken, die erst noch durch unseren Geist eingeteilt und klassifiziert werden müssen – und das heißt: vor allem durch das jeweilige sprachliche System unseres Geistes. Wir zerlegen die Natur und teilen sie in Konzepte ein nach bestimmten Konventionen, weil wir nicht anders können, weil diese Konventionen in den Mustern unserer Sprache kodiert sind.

Weiter heißt es bei Whorf:

»The principle of linguistic relativity« holds that all observers are not led by the same physical evidence to the same picture of the universe, unless their linguistic backgrounds are similar, or can in some way be calibrated.

Wieder in freier Übersetzung: Das Prinzip der sprachlichen Relativität besagt, dass dieselben physikalischen Erscheinungen in der Welt bei allen Betrachtern nicht dieselben Bilder auslösen, es sei denn, die jeweiligen sprachlichen Systeme seien ähnlich oder könnten zumindest aufeinander abgestimmt werden.

[It] means [...] that users of markedly different grammars are pointed by their grammars toward different types of observations and different evaluations of externally similar acts of observation, and hence are not equivalent as observers, but must arrive at somewhat different views of the world.

Es geht also, mit anderen Worten, um Bedeutung. Auf unser Beispiel übertragen argumentiert Whorf so, dass die Struktur des Schnee-Vokabulars der Eskimos ein auf Erfahrung beruhender Reflex der Bedingungen ihres Lebensraums sei. Diese Struktur bewirke, dass die Sprecher diesen Teil der Realität in der lexikalisch vorgegebenen Weise wahrnehmen und einteilen.

Obwohl das Beispiel nicht zutrifft, hat es Generationen von Anthropologen, Psychologen und Sprachwissenschaftlern beschäftigt. Als in den 1960er und 1970er Jahren die kognitiven Wissenschaften aufkamen, die die Gemeinsamkeit der menschlichen Kognition betonten und sie auf die Gemeinsamkeiten der menschlichen genetischen Ausstattung zurückführten, verlor das Beispiel an Attraktivität. Zudem gab es einige Gegenbeweise, etwa die Entdeckung, dass es so etwas wie semantische Universalien gibt, also Vorstellungen, die in allen Sprachen und Kulturen gleich sind, zum Beispiel sprachunabhängige Farb-Konzepte. Damit war die Sapir-Whorf-Hypothese eigentlich widerlegt.

Inzwischen (mit dem Aufkommen des Rationalismus seit den 1970er Jahren) schlägt das Pendel wieder etwas zurück und unterstützt eine mittlere Position: Neuere Forschungen versuchen hinreichend zu belegen, dass die sprachlichen Kodierungen in verschiedenen Sprachen tatsächlich signifikant unterschiedlich sein können, und dass dies zu abweichenden Wahrnehmungen der Realität führen kann.

Was vom Irrtum übrig bleibt

Zunächst einmal ist festzustellen, dass das Interesse des Menschen an seiner Sprache ungebrochen ist. Fragen nach den Formen und Funktionen von Sprache, nach sozialen und dialektalen »Sprachen in der Sprache«, nach historischen Wurzeln und Veränderungen haben immer Konjunktur. Und dieses ungebrochene Interesse ist wohl darauf zurückzuführen, dass Sprache zu den alltäglichsten, aber gleichzeitig geheimnisvollsten, undurchschaubarsten, ja, unverständlichsten Dingen gehört, die wir haben, aber auch zu den komplexesten.

Zweitens ist festzuhalten, dass jede Sprache ein außerordentlich komplexes, doch eben auch flüchtiges Gebilde ist: Sprache ist daher eher in ihren Wirkungen zu erfassen als in ihren Strukturen und ihrem System. Wahrnehmbar sind lediglich konkrete Einzelereignisse, die an der Oberfläche exemplarische Manifestationen des zugrunde liegenden abstrakten Systems sind. Als wie unterschiedlich man zwei Sprachen bewertet, hängt davon ab, welche Analyseebene veranschlagt wird: In ihren Oberflächen unterscheiden sich Sprachen stärker als auf den tieferen, abstrakteren Ebenen. Das heißt: Je mehr man sich im Sprachvergleich auf die realisierten, messbaren Äußerungen von Sprecherinnen und Sprechern konzentriert, desto unterschiedlicher und unvergleichlicher erscheinen die Sprachen – je mehr man sich den diesen Äußerungen zugrunde liegenden abstrakten Strukturen zuwendet, desto ähnlicher erscheinen uns die Sprachen. Die Andersartigkeit von Sprachen bringt es mit sich, dass es keine universell gültigen Begriffe wie ›Wort‹ geben kann, die auf alle Sprachen gleichermaßen anwendbar sind.

Drittens gilt, dass der Zusammenhang zwischen Sprache und Denken noch keineswegs klar ist und Festlegungen in dieser Hinsicht nicht unproblematisch sind. Generationen von Wissenschaftlern haben bereitwillig und begeistert die Sapir-Whorf-Hypothese vertreten, und das aus verschiedenen Gründen: Zum einen taten sie dies, weil sie hofften, über die Analyse der Strukturen von Sprache einen Einblick zu bekommen in die Strukturen der Wahrnehmung, des Denkens, des Gedächtnisses und ganzer Wissenssysteme. Zum anderen taten sie dies aber auch, weil sie diese Hypothese als ein verlockend handliches Instrument verwendeten, um über die Sprache sowohl soziale als auch politische und kulturelle Abweichungen einer Ethnie, einer Gruppe oder einer Minderheit zu erklären. Es liegt auf der Hand, wie groß die Gefahr eines Missbrauchs einer solchen – vielleicht in Teilen zutreffenden – Hypothese ist. Der Missbrauch führt leicht zur Konstruktion eines kausalen Zusammenhangs zwischen Sprachtyp und Kulturtyp, zwischen sprachlichen und nationalen Charakteristika. Manche Forscher haben argumentiert, dass die Strukturen des Wortschatzes und des Satzbaus einer Sprache oder eines Dialekts zumindest teilweise verantwortlich sind für die Entstehung und Aufrechterhaltung sozialer, rassistischer oder sexueller

Ungleichheiten und Diskriminierungen in den jeweiligen Sprachgruppen. Und wird im *Spiegel* 40/2006 mit dem Titel *Rettet dem Deutsch* in einem Artikel von einer bei uns angeblich herrschenden sprachlichen Verlotterung auf eine »kulturelle Verlotterung« geschlossen, dann wird unterstellt, dass zumindest ein Zusammenhang zwischen Veränderungen der Sprache und Veränderungen der Geisteshaltung, der Einstellungen und Denkweisen ihrer Benutzer besteht.

Schließlich kann man diesen populären Irrtum als eine Fallstudie für schludrigen Umgang mit sprachlichen Daten und als ein Paradebeispiel für eine naive Tatsachengläubigkeit verstehen. Wir leben in einer Wissensgesellschaft, wir können nicht alles hinterfragen. Aber die Wissenschaftler sollten solches tun, sie erhalten ihre Legitimität daraus, dass sie hinterfragen. Daten lassen sich nicht auf isolierte Formen reduzieren, selbst dann nicht, wenn sie auf diese Weise objektiv erfassbar und quantifizierbar erscheinen. Tut man solches dennoch, so hält man das Quantifizierte und Gemessene bereits für eine Erkenntnis. Erkenntnisse über den Menschen in seiner Welt erhält man jedoch nur dann, wenn man über das Messbare hinausgeht. Für die Sprachwissenschaft heißt das, dass sie idealerweise die ihr zur Verfügung stehenden sprachlichen Daten einer Gruppe in Beziehung setzen sollte zur Gesamtheit der spezifischen sozialen, kulturellen, historischen, politischen, psychischen und kognitiven Bedingungen. Erst dann wäre man eher vor einer solchen Behauptung wie der von den vielen Wörtern für Schnee gefeit.

Bei leichtfertiger Übernahme ungeprüfter Aussagen hingegen entwickelt sich häufig eine fatale Spirale: Die Aufnahme in den Kanon unseres akademischen Wissens und unseres Alltagswissens erweckt den Eindruck, kritisches Nachfragen sei gar nicht mehr nötig. Kurz gesagt: Für gewöhnlich glauben wir, was in Lehrbüchern steht. Zudem wird das kanonisierte Wissen außerhalb der wissenschaftlichen Veröffentlichung zunehmend durch das Internet verfestigt. Wir verlassen uns immer stärker auf die dort leicht zugänglichen Angaben, weil sie von uns als öffentliche und also vertrauenswürdige Verlautbarungen wahrgenommen werden. Zwar wissen wir, dass nicht alle Informationen im Internet genauestens überprüft worden sind, bevor sie ins Netz gestellt wurden. Wir glauben aber, dass sie allein schon deshalb stimmen müssen, weil sie dort »schwarz auf weiß« erscheinen.

Durch ständige Wiederholung hat unser Irrtum sein ungeheueres – auch wissenschaftliches – Gewicht erhalten. Er hat sich immer tiefer in das kulturelle Wissen bzw. Gedächtnis eingegraben. Behauptungen wie diese, die ja auch so wunderbar zu passen scheinen, werden leicht zu überall verwendbaren Versatzstücken, zu einem Teil unseres Repertoires an gewohnten und bequemen Sätzen. Das ist gefährlich.

Was nicht klar ist, ist nicht Französisch

»Französisch ist nach wie vor eine der bedeutendsten Kultur- und Literatursprachen par excellence; eine Sprache, die sich durch ihren Klang, ihre Klarheit und ihre Präzision auszeichnet. Rivarol: Ce qui n'est pas français, n'est pas clair«. Mit diesen Worten warb ein deutsches Gymnasium auf seiner Internetseite für den Französischunterricht.

Der zitierte Satz stammt von dem französischen Literaten Antoine de Rivarol (1753–1801), die Formel lautet aber eigentlich: »Ce qui n'est pas clair, n'est pas français« – Was nicht klar ist, ist nicht Französisch. Der Satz findet sich in einer bereits über zweihundert Jahre alten Schrift und scheint an Aktualität nichts verloren zu haben. Auf jeden Fall handelt es sich um einen Allgemeinplatz, der seit Rivarol häufig als Argument für den einzigartigen Charakter der französischen Sprache bemüht wird: Ihre Struktur befähige die Sprecher in exklusiver Weise, klare Gedanken zu fassen und entsprechend zu formulieren. Und aus dieser Formel wird ein universaler, übernationaler Anspruch abgeleitet. Im Grunde begegnet man hier dem sprachlichen Determinismus in anderem Gewand: Wie behauptet wurde, die Eskimosprache lege die Weltsicht ihrer Sprecher fest, so heißt es über das Französische, es versetze seine Sprecher in die Lage, klarer zu denken als andere. Handelt es sich hier um eine Anmaßung? Woher stammt die Idee vom französischen Sprachgenie, dem *génie de la langue française*, und wie ist es um die Klarheit der französischen Sprache heute tatsächlich bestellt? Nehmen wir Mythos und Ethos der *clarté française* etwas genauer unter die Lupe.

Der Ursprung der Formel und ihr historischer Kontext

Die Formel entstammt Rivarols Schrift *De l'universalité de la langue française*, mit der dieser sich 1784 an einer Preisfrage der Königlich Preußischen Akademie nach der Universalität des Französischen beteiligt hatte und auch zum Preisträger gekürt wurde. Übrigens ist Rivarol durch die Beantwortung dieser Preisfrage berühmt geworden, obwohl er eigentlich kaum mehr getan hatte, als Äußerungen anderer Autoren zur Apologie des Französischen in brillantem Stil und gefälliger Rhetorik zusammenzuschreiben. Seine Zeitgenossen fanden daran offensichtlich großen Gefallen. Nach dem wissenschaftlichen Urteil der akademischen Jury gebührte der Preis aber auch dem Stuttgarter Philosophen Johann Christoph Schwab (1743–1821), der als zweiter Preisträger für eine eigentlich viel originellere Schrift gekürt wurde, im Anschluss aber schnell in Vergessenheit geriet.

Zurück zu Rivarol und seiner berühmten Formel, zunächst zum historischen Kontext: Die Rolle des Französischen ging im Zeitalter der europäischen Aufklärung weit über die einer bloßen Nationalsprache der Franzosen hinaus; es war im Lauf des 18. Jahrhunderts zur Sprache der europäischen Höfe von Potsdam bis Sankt Petersburg und zur europäischen Gelehrtensprache schlechthin avanciert. Zahlreiche Wissenschaftler Europas schrieben ihre Bücher und Aufsätze in französischer Sprache, und das hatte seinen Grund nicht nur im Prestige des Französischen, sondern auch in der Tatsache, dass in der zweiten Hälfte des 18. Jahrhunderts das Französische sich zu einer leistungsfähigen Fach- und Wissenschaftssprache entwickelt hatte. Sie war von einer klaren Sachlichkeit geprägt und sah vom Gebrauch rhetorischer Ausschmückungen ab, die beispielsweise im Italienischen noch gang und gäbe waren. Für uns gehört das heute zur Normalität – damals war es eine bemerkenswerte Errungenschaft, die das Ansehen der französischen

Sprache europaweit erhöhte. Damit ging natürlich auch einher, dass das Französische einen großen Einfluss auf die anderen zeitgenössischen Sprachen hatte. Entsprechend wurde von den verschiedenen europäischen Sprachgemeinschaften der Einfluss des Französischen, die »Französierung« als Zeichen des Sprachverfalls, heftig attackiert. Diese Auseinandersetzungen weisen, und das kann kaum verwundern, deutliche Parallelen zur aktuellen Diskussion über den Einfluss des Englischen auf.

Damals lag das Bedürfnis nach einer wissenschaftlichen Begründung der besonderen Rolle der französischen Sprache natürlich auf der Hand, aus dem ebenjene Preisfrage der Preußischen Akademie entstand. Es ging darum, den Charakter der französischen Sprache, oder mit einem zeitgenössischen Ausdruck: das französische Sprachgenie, *le génie de la langue française*, genauer zu definieren. Das war auch vordem schon ausgiebig geschehen, nicht nur in Verbindung mit der Preisfrage von 1784, sondern unter anderem auch durch die Sprachtheoretiker der berühmten französischen *Encyclopédie*. Dieses wohl größte Werk des Aufklärungszeitalters war zwischen 1751 und 1780 von Diderot und d'Alembert herausgegeben worden.

In seiner preisgekrönten Schrift betont Rivarol also, dass die französische sich von anderen, sowohl antiken wie auch zeitgenössischen Sprachen vor allem durch die »Ordnung und Konstruktion des Satzes« unterscheide. Nach der natürlichen Ordnung alles menschlichen Denkens muss, so Rivarol, zunächst das Subjekt (der Satzgegenstand) genannt werden, darauf das Verb (das die Handlung bezeichnet) und schließlich das Objekt (auf das die Handlung gerichtet ist). Diese Reihenfolge wird vom Französischen immer befolgt. Das ist aber durchaus nicht in allen Sprachen selbstverständlich, denn der Mensch (wohlgemerkt, der »nicht-französische« Mensch) neigt dazu, sich nicht von der Ordnung des Verstandes (der Gedanken) leiten zu lassen, sondern von Gefühlen und Leidenschaften, und das führt dazu, dass die natürliche Ordnung in den Sprachen in der Regel durcheinandergebracht wird. Einzig das Französische bildet hier eine Ausnahme, seine Syntax ist stabil und »unbestechlich«. Wird also etwas nicht in der Reihenfolge der Gedanken formuliert, so ist es nicht »klar«, und folglich kann es sich nur um eine Äußerung in einer beliebigen nicht-französischen Sprache wie etwa Italienisch, Englisch, Griechisch oder Latein handeln.

Diskussionen über die Klarheit finden sich allerdings schon bei den Griechen und Römern, jedoch geht es bei ihnen nicht um die Klarheit als bestimmte Eigenschaft einer Sprache. Sie wird vielmehr im Rahmen der Rhetorik als ein stilistisches Prinzip diskutiert, Quintilian spricht zum Beispiel von der *perspicuitas* als der höchsten Tugend. Die entsprechende Bezeichnung aus der Rhetorik ist also nicht *claritas*, sondern *perspicuitas*. Im Französischen wird diese dann im 17. Jahrhundert durch *clarté* ersetzt und zur Eigenschaft der französischen Sprache erklärt. Die These von der natürlichen Wortordnung Subjekt/Verb/Objekt taucht in mittelalterlichen Grammatiken und ebenso in den Grammatiken der Spätrenaissance auf.

Gegen Ende des 17. Jahrhunderts entstand in Port-Royal, einem Kloster bei Paris, eine Grammatik, die weltberühmt werden sollte: die *Grammaire générale et raisonnée* (auch: *Grammatik von Port Royal*). Sie bildet eine wichtige Grundlage für die gesamte Sprachdiskussion im Zeitalter der europäischen Aufklärung. Ihr Leitmotiv ist die Frage, wie die Sprachen Denkleistungen adäquat ausdrücken und abbilden können. Es soll nachgewiesen werden, dass alle Sprachen nach denselben Grundprinzipien funktionieren, nämlich nach der besagten natürlichen Ordnung, dem *ordre naturel*. Hinter dieser Ordnung verbirgt sich ein bestimmtes philosophisches Konzept: die Auffassung, dass Sprache völlig unabhängig vom Denken lediglich als Werkzeug dazu dient, Gedanken mitzuteilen.

Ein weiterer Verwendungsbereich und hauptsächlicher Grund für die Lebendigkeit des Topos von der Klarheit der französischen Sprache ist der (sprach)politische Kontext, in dem dieser über Jahrhunderte weitergeführt und gefestigt werden konnte. Klarheit als herausragende Eigenschaft des Französischen wird nämlich bereits seit dem 16. Jahrhundert immer wieder angeführt – zunächst als Kriterium für die Emanzipation des Französischen vom Latein und später als Vorteil gegenüber anderen Sprachen, wenn es um das französische Nationalprestige ging, denn dies wird seit dem klassischen Zeitalter immer auch über eine »elegante, klare und reiche« Sprache, also über das französische Sprachgenie, definiert.

Zur Geschichte des *génie de la langue française*

Seit Beginn der Emanzipation des Französischen vom Latein im 16. Jahrhundert werden Argumente für die Gleichstellung des Französischen mit dem Lateinischen beziehungsweise seine Überlegenheit zusammengetragen, an deren Spitze eben Klarheit und natürliche Wortfolge stehen. Der Gedanke wurde erstmals von Louis Meigret, dem Autor einer der ersten französischen Grammatiken, formuliert: Die französische Grammatik muss der Ordnung folgen, »die die Natur für ihre Werke festgelegt« habe. Damit ist gemeint, dass die Reihenfolge der Satzglieder der Ordnung der Gedanken entsprechen soll. Meigret spricht diesbezüglich sogar bereits von einem französischen Stil. Die französische Sprache der klassischen Periode verzichtet auf viele Freiheiten des Altfranzösischen in Bezug auf die Wortstellung im

Satz und macht die Abfolge Subjekt/Verb/Objekt zur Regel. Damit verbunden ist die Entdeckung der *clarté* als Errungenschaft der französischen Sprache, die dem 17. Jahrhundert vorbehalten bleibt. Zu dieser Zeit wird eine Sprachnorm geprägt, die sich stilistische Klarheit (*clarté de l'expression*) auf die Fahnen schreibt. Diese Auffassung setzt sich im Laufe des Jahrhunderts durch – selbstverständlich zusammen mit der Überzeugung, dass es den anderen Sprachen an Klarheit fehle.

Auf diese Weise wird aus einer rhetorischen Tugend eine Spracheigenschaft gemacht. Die Voraussetzung dafür bildet unter anderem ein Bedeutungswandel, der sich mit *clarté* im 17. Jahrhundert vollzieht: Die ursprüngliche Bedeutung ›Glanz‹ wird von *lustre* und *splendeur* übernommen, so dass *clarté* sozusagen frei wird für neue Bedeutungen. Klarheit wird von nun an im wesentlichen mit »fester Wortstellung« identifiziert und dann ab dem Ende des 17. Jahrhunderts systematisch für die Aufwertung der Nationalsprache genutzt.

Einer, der diese Eigenschaft für das Französische gewissermaßen monopolisiert und sich in diesem Zusammenhang besonders hervorgetan hat, ist der Jesuitenpater Dominique Bouhours (1628–1702). Bouhours verwendete in einer polemischen Schrift, die 1671 erschien, die *clarté* der französischen Sprache als Argument für ihre Überlegenheit gegenüber allen anderen europäischen Sprachen. Bereits ein Jahrhundert vor Rivarol leitete er aus diesem Argument ihre Rolle als europäische Universalsprache ab. Er stellte zunächst fest, dass als einzige Sprache das Französische die natürliche Ordnung einhält. Die Sprachen der Antike, Griechisch und Latein, sind dagegen recht »unordentlich«, denn die Wörter werden anders angeordnet als die Gedanken. Den Nominativ, der »nach dem gesunden Menschenverstand« doch am Anfang des Satzes zu stehen hat, findet man fast immer in der Mitte oder gar am Ende des Satzes. Aber

Bouhours ging es nicht um die Beschreibung der grammatischen Strukturen, sondern vielmehr um das Prestige seiner Sprache. Er zieht nämlich den Schluss, dass dem Französischen aufgrund der vermeintlichen Klarheit die Rolle einer Universalsprache zustünde. Das wird dann auch noch mit politischen Argumenten unterfüttert und mit ästhetischen Ausführungen angereichert. Letztere werden bis in die Gegenwart regelmäßig immer dann angeführt, wenn Sprache im Interesse politischer Machtkämpfe als Merkmal für eine bestimmte Identität dient.

Die Ausschmückung der Rede, den *ornatus*, erklärte Bouhours zum Feind der Klarheit. So sei zum Beispiel das Italienische mit seinem Hang zu Verkleinerungsformen bzw. Diminutiven und rhetorischen Figuren zwar hübsch und angenehm, aber eben nicht präzise und tauge überhaupt nicht für die Behandlung ernsthafter Gegenstände. Es sei geradezu lächerlich mit seinen Verkleinerungsformen: »Y-a-t-il rien de moins serieux que ces diminutifs qui lui sont si familiers? Ne dirait- on pas qu' elle ait dessein de faire rire avec ces *fanciulette, fanciullino, bambino, bambinello, bambinelluccio* [...]« (›Gibt es nichts weniger Ernsthaftes als diese Diminutive, die ihm so vertraut sind? Man wird sie nicht gebrauchen, es sei denn, man hat die Absicht, mit diesen *fanciulette, fanciullino, bambino, bambinello, bambinellucio* zum Lachen anzuregen.‹).

Die *clarté* wird jedoch durchaus nicht nur anhand von Merkmalen des Satzbaus oder einzelner Wörter ausgehandelt. Auch das Klangbild von Sprachen spielt von Anfang an eine nicht unwesentliche Rolle in der Sprachbewertung. Zur Anschauung dient ein gern zitierter und häufig umgeformter Ausspruch des Kaisers Karl V., der noch häufig in älteren Sprachlehrbüchern zu finden ist: Der mehrsprachige Kaiser soll bekanntermaßen bemerkt haben, Französisch rede man mit den Gesandten (oder um zu schmeicheln), Italienisch mit den Frauen (oder mit den Freunden), Deutsch mit den Stallknechten (oder um zu drohen) und Spanisch zu Gott.

Lautliche Charakteristika der Sprachen werden hier mit zeitgenössischen Klischees zur Mentalität einzelner Völker vermischt. Das Französische kommt in diesem Zusammenhang natürlich meist gut weg.

Interessanterweise spielen solche kulturbedingten Wertungen von Sprache auch heute noch (oder besser gesagt: wieder) eine Rolle, etwa dann, wenn es gilt, die Eigenständigkeit der europäischen Nationalsprachen gegen eine europäische Uniformierung und Anglisierung zu verteidigen. Solche Wertungen haben also bis in die Gegenwart einen sprachpolitischen Hintergrund.

Die Klarheit der französischen Sprache heute

Die viel beschworene Klarheit und Universalität sind bis heute die beliebtesten Attribute zur Beschreibung des Französischen geblieben. Sogar Staatspräsident Nicolas Sarkozy zitiert in einer Wahlkampfrede im Jahr 2007 Rivarols Universalitätsthese – Französisch sei nicht nur die Sprache der Franzosen, sondern die der Menschheit: »La France c'est une langue, une langue qu'elle met à la disposition de tous les hommes. Le Français disait Rivarol ce n'est plus la langue française, c'est la langue humaine« (›Frankreich ist eine Sprache, eine Sprache, die es [gemeint ist Frankreich] allen Menschen zur Verfügung stellt. Das Französische, sagte Rivarol, ist nicht mehr die französische Sprache, es ist die Sprache der Menschheit, die menschliche Sprache.‹).

Im Umkreis der wichtigsten Institution zur Pflege des Französischen par excellence, der *Académie française*, finden sich selbstverständlich auch aktuell glühende Verfechter des französischen Universalitätsanspruchs. Die Historikerin

Hélène Carrère d'Encausse, seit 1990 Sekretärin auf Lebenszeit der *Académie française*, hat 2006 in einer Rede zur französischen Sprache als Sprache der Moderne ganz ausdrücklich die Qualitäten des Französischen und mit ihnen die *clarté* verteidigt. Sie tat dies gegen den Vorwurf, die Klarheit sei ein überlebter Mythos, das Französische sei eine antiquierte, »einbalsamierte« Sprache, die mit den Anforderungen der Moderne nicht Schritt halte und es verdiene, durch eine »klare und schnelle« Sprache wie das Englische abgelöst zu werden. Interessanterweise ist der Vorwurf, auf den sich die Rednerin bezieht, bereits 40 Jahre alt, denn er stammt aus dem Jahr 1966, aus einem Text mit dem Titel *Critique et vérité*, Kritik und Wahrheit, von Roland Barthes. Der Autor, dem vielfach ein »undurchsichtiger Jargon« vorgeworfen worden war, hatte hier vehement die Ausdrucksfreiheit des Schriftstellers verteidigt und die *clarté* nach dem Verständnis der Akademie als Attribut von Schriftsteller-Sprache ausdrücklich ausgeschlossen.

Die natürliche Ordnung, der *ordre naturel*, als einzigartige Qualität des Französischen kann heutzutage wohl nicht mehr als schlagkräftigstes Argument angeführt werden. In den letzten Jahrzehnten, seit man von einer Krise und dem drohenden Untergang des Französischen spricht, treten Fragen nach dem Satzbau immer mehr in den Hintergrund. Viel intensiver wird die Diskussion um den Wortschatz geführt, weil er der wichtigste Einzugsbereich für Entlehnungen aus dem Englischen ist. In ihrer Rede bezieht sich Hélène Carrère d'Encausse auf diese Diskussion. Sie stellt die in ihren Augen rhetorische Frage, ob das Französische noch imstande sei, sich an eine schnelllebige Welt anzupassen, in der alle Neuerungen durch klare und präzise sprachliche Ausdrücke benannt werden müssen. Und natürlich kann sie das, so Carrère, die selbst ein Mitglied der *Académie française* ist, die eine Terminologiekommission einsetzte und schon in der neunten Auflage ein eigenes Akademiewörterbuch herausgibt. Entsprechend werden zahlreiche Belege für die systematische Bereicherung des französischen Wortschatzes angeführt, nämlich in dem Fazit, dass die französische Sprache »mit erstaunlicher Stärke und Präzision« das »turbulente Universum« von heute zu erfassen vermöge. So verlagert sich die Behauptung von der Klarheit des Französischen aus dem Bereich der Wortstellung in den Bereich des Wortschatzes.

Natürlich gibt es auch Gegenstimmen. So hat beispielsweise Henri Meschonnic, ein kürzlich verstorbener französischer Lyriker und Sprachtheoretiker, mit dem Gemeinplatz von der Einzigartigkeit der französischen Sprache gründlich aufgeräumt: Im Vorwort des Verlegers zu seinem Buch *De la langue française* heißt es, dass in seinem Werk mit »nationalistischen Sophismen« abgerechnet werde, um zu zeigen, dass das Französische wie jede andere Sprache auch Ungereimtheiten und Widersprüche aufweist und nur der Sprachgebrauch, der *usage*, die Sprache bestimmt.

Clarté française, usage und bon usage – Mythos und Ethos

Wie ist es nun aber eigentlich bestellt um die mythische Klarheit des Französischen? Das historisch gesehen ältere Argument sieht die Klarheit bereits darin bestätigt, dass sich im Französischen die natürliche Ordnung der Gedanken in der stabilen Reihenfolge von Subjekt, Verb und Objekt widerspiegelt. Sprachwissenschaft und Logik haben jedoch längst deutlich gemacht, dass erstens das Subjekt nicht das wichtigste Element eines Satzes sein muss und dass es zweitens keinen Grund dafür gibt, bestimmte Wortstellungen a priori als »natürlicher« als andere anzusehen. Die Wortstellungen sind hauptsächlich davon abhängig, welches Element eines Satzes ein Sprecher hervorheben will, um damit eine bestimmte Wirkung zu erzielen. Kurz gesagt: Die Wortstellung hat mit *clarté* nichts zu tun.

In neueren Argumentationen werden als Träger der Klarheit die präzisen Wortbedeutungen des Französischen ins Feld geführt. Diese Wortbedeutungen werden einem bewussten Umgang mit der Entwicklung des französischen Wortschatzes zugeschrieben, der federführend von der *Académie française* und ihren besonders guten Wörterbüchern sowie ihren Terminologiekommissionen gelenkt wird. Es ist allerdings fraglich, ob Wörtern überhaupt über eine Definition im Wörterbuch präzise Bedeutungen zugewiesen werden können. Die Bedeutung eines Wortes konstituiert sich nämlich nicht »per Dekret«, sondern entsteht in seiner alltäglichen Verwendung. Ob also die normativen Vorgaben zum *bon usage* (dem richtigen und guten Sprachgebrauch) im *usage* (dem alltäglichen Sprachgebrauch) eine Rolle spielen, ist weder vollständig überprüfbar noch auch nur wahrscheinlich. Insofern kann auch in diesem Zusammenhang nicht von einer genuinen Klarheit des Französischen gesprochen werden.

Natürlich hat die intensive Propagierung eines Klarheitsethos über die Schule und über die Medien durchaus einen Einfluss auf den Umgang der Franzosen mit ihrer Sprache. Dieses Ethos haben die Franzosen ebenso leidenschaftlich verinnerlicht, wie sie an den Mythos der *clarté* geglaubt haben und weiterhin an ihn glauben. Das hat tatsächlich dazu beigetragen, dass Klarheit des Denkens und des Formulierens über lange Zeit zum Maßstab für den französischen Sprachgebrauch geworden sind. Die Klarheit scheint also so etwas wie eine stilistische Vorschrift und eine Art Erbteil des Französischen geworden zu sein. Zumindest der Französisch Schreibende fühlt sich dazu verpflichtet, die *clarté* nicht aus den Augen zu verlieren, obwohl sie sich kaum definieren lässt. Dies stellt auch der Sprachwissenschaftler Charles Bally fest, der sich ausführlich mit dem stilistischen Sprachvergleich befasst hat: Die meisten derjenigen, die die *clarté française* preisen, geraten in Schwierigkeiten, wenn sie sagen sollen, worin diese eigentlich besteht.

Trotzdem wird das Ethos weiter hochgehalten: Dies hat einerseits damit zu tun, dass mit der Besonderheit der französischen Sprache seit Jahrhunderten vehement die politische Einheit und die nationale Identität Frankreichs propagiert werden. Andererseits ist der Mythos von der Klarheit des Französischen anscheinend ein gutes Mittel gegen die auch in Frankreich weitverbreitete Angst vor dem Sprachverfall.

Sprachenmix führt zu Sprachverfall

Dass die Sprache verludert, verlottert, verwildert, von Zersetzung bedroht und von grammatischen Fehlern unterwandert wird, dass die Sprache, kurz gesagt, verfällt, das wird seit mehr als zweitausend Jahren immer wieder behauptet. Hierin sind und waren sich Griechen und Römer, Deutsche, Franzosen, Spanier, Italiener und Engländer ausnahmsweise einmal einig. Unter Sprachverfall wird dabei fast immer verstanden, dass es in der Gegenwart eine korrekte Sprachversion gibt, die bedroht ist von der Unachtsamkeit und Unfähigkeit bestimmter Sprecher und Schreiber. Deren fehlerhaftes Verhalten kann – so die Klage – nicht nur zur Bedrohung der korrekten Version der Sprache, sondern am Ende gar zum gänzlichen Ruin der Sprache führen.

Sprachverfall – die Fragen

Angesichts solcher Klagen sollte man sich allerdings dringend drei Fragen stellen, die der Sprachwissenschaftler Rudi Keller in einem Vortrag aufgeworfen hat. Seine erste Frage lautet: Welches Beispiel lässt sich denn für eine »verfallene« Sprache benennen – also für eine Sprache, die aufgrund des Fehlverhaltens von Sprachteilnehmern stirbt, ohne in gewandelter Form weiterzuleben? »Latein!« kann die Antwort übrigens nicht lauten, denn »tot« ist diese Sprache nicht: Sie lebt ja, nachdem sie Wandlungsprozesse durchlaufen hat, in den romanischen Sprachen fort. Und sicher würde kein Franzose das Französische als eine Verfallsform des Lateinischen verstehen wollen.

Kellers zweite Frage zielt darauf ab, warum es eigentlich immer nur die gegenwärtige Version einer Sprache sein soll, die verfällt. Niemand beklagt heute ernsthaft den Verfall des Althochdeutschen des 9. Jahrhunderts oder will gar auf diese Sprachstufe zurückkehren. Beklagt wird anscheinend stets die Veränderung dessen, was man kennt.

Die dritte Frage, die Keller stellt, wirft ein nicht immer schmeichelhaftes Licht auf den glühenden Sprachkritiker selbst: Warum ist die Klage über den Sprachverfall stets eine Klage über das Sprechen und Schreiben der anderen, nicht aber über das eigene Sprechen und Schreiben? Oder hat man schon einmal von einem Sprachkritiker gehört, der die eigenen sprachlichen Äußerungen als verlottert, verludert oder verfallen beschreibt?

Die durchaus populäre Befürchtung, die Sprache könne verfallen, bleibt natürlich nicht ohne Folgen. So haben sich – zuerst im Barock – Institutionen wie die Sprachgesellschaften gebildet, die die Sprachpflege auf ihre Fahnen schreiben, es gibt aber auch Einzelpersonen, die mit dem Thema ihr Auskommen zu sichern verstehen (und zwar nicht schlecht, wenn man sich die aktuelle Palette von Sprachratgebern anschaut).

Sprachverfall – die Klagen

Was die institutionelle Seite der Sprachpflege betrifft, so gibt es diese spätestens seit dem 17. Jahrhundert, als sich Sprachgesellschaften gründeten, die im wesentlichen das Ziel hatten, das Deutsche anstelle des vorherrschenden Latein als Literatursprache hoffähig zu machen und es weitgehend »ohn Einmischung fremder ausländischer Flikkwörter« zu erhalten und zu pflegen (so das Programm der 1617 gegründeten Fruchtbringenden Gesellschaft).

Die Folgen sind bekannt; es kam zu einer wahren Eindeutschungswelle von Fremdwörtern, von denen manche heute völlig unauffällig in den Wortschatz integriert sind: *Anschrift* für *Adresse*, *Jahrbücher* für *Annalen*, *Bücherei* für *Bibliothek*. Man sieht hier auch, dass die fremden Wörter nicht unbedingt verdrängt wurden, es aber manchmal zu einer semantischen Differenzierung kam. Andere neugeschöpfte Wörter konnten sich – aus heute verständlichen Gründen – nicht halten. Einige der bizarren Blüten, die der sprachpflegerische Übereifer hervorbrachte, sind bekannt: der *Gesichtserker* oder das *Löschhorn* für das vermeintlich lateinische Fremdwort *Nase*, das *Zitterweh* für *Fieber* oder der *Gipfeltüpfel* für *Zenith*.

Sprachpflege als Grabpflege

Dass sprachpflegerischer Übereifer, der sogenannte Sprachpurismus, auch eine der eigentlichen Absicht entgegengesetzte Wirkung haben, dass man also seinen vermeintlich siechen Patienten auch totpflegen kann, zeigt zum Beispiel die bildungssprachliche Abneigung einiger Sprachgesellschaften seit der Zeit des Humanismus und des Barock. Verpönt waren die ursprünglich üblichen Kombinationen einheimischer Elemente mit Wortbestandteilen, die aus anderen Sprachen entlehnt worden waren. Es geht dabei z. B. um Fälle wie *hausieren* (*Haus* + französische Verbendung *-ier*) oder *Lagerist* (*Lager* + lateinische Endung *-ist*). Die rigorose Abneigung gegen derartige Kombinationen führte dazu, dass gerade die eigentlich einheimischen Elemente in solchen Wortbildungen nicht mehr verwendet werden durften. Was stattdessen geschah, muss für jeden Sprachpfleger und

-reiniger unerträglich gewesen sein: Die Sprachgemeinschaft entlehnte – um den Mangel an Ausdrucksmöglichkeiten zu beheben – noch mehr fremde Wörter und Endungen und schaufelte bestimmten deutschen Wörtern damit erst recht das Grab. Statt durchaus möglichen Bildungen wie *Freiheitismus*, *Erdologe* oder *Fitheit* haben wir den *Liberalismus*, den *Geologen* und die *Fitness*.

Auch im 19. und 20. Jahrhundert ging es bei der sprachpflegerischen Arbeit durchweg um die Bekämpfung des Fremdworts, die nun vor allem mit nationalen Motiven begründet wurde. Die Überflutung der deutschen Sprache mit fremdem Wortgut wurde als geistige Sklaverei und als Ursache für die Beeinträchtigung des Nationalgefühls und Volksbewusstseins gewertet.

In jüngster Zeit ist es wohl vor allem der Rechtschreibreform zuzuschreiben, dass vermehrt Sprachschützer, -pfleger oder -reiniger auf den Plan treten. Seit den 1990er Jahren gibt es in Deutschland zunehmend Bestrebungen, den vermeintlich übertriebenen Einfluss des Englischen einzudämmen. Die Forderungen nach einem Sprachschutzgesetz ähnlich dem in Frankreich werden lauter. Die Liste der Neugründungen von Sprachschutz- und Sprachpflegevereinen allein der letzten fünfzehn Jahre ist durchaus beeindruckend und dokumentiert ein offensichtliches Bedürfnis nach Orientierung:

Aktion Deutsche Sprache e.V. (ADS, gegründet 2006), Arbeitsgemeinschaft für deutsche Sprache e.V. (AfdS, gegründet Mitte der 1990er Jahre), Arbeitskreis Unsere Sprache (ARKUS, gegründet 1998), Bairische Sprache und Mundarten Chiemgau e.V. (gegründet 2001), Berliner Verein für deutsche Rechtschreibung und Sprachpflege (gegründet Mitte der 1990er Jahre), Förderverein Bairische Sprache und Dialekte (FBSD, gegründet 2003),

Forschungsgruppe Deutsche Sprache e.V. (FDS, gegründet 2002), Initiative »Unsere Deutsche Sprache« (IUDS, gegründet 2005), Lebendige deutsche Sprache e.V. (LDS, gegründet 2000), Neue Fruchtbringende Gesellschaft zu Köthen/Anhalt e.V. – Vereinigung zur Pflege der deutschen Sprache (NFG, gegründet 2007), Sprachrettungsklub Bautzen/Oberlausitz e.V. (SRK, gegründet 1998), Verein Deutsche Sprache e.V. (VDS, gegründet 1997), Verein für deutsche Rechtschreibung und Sprachpflege e.V. (VRS, gegründet 1997), Verein für Sprachpflege e.V. (VfS, gegründet 2000)

»Gleitet« man auf den dazugehörigen »Heimseiten« dieser Vereine im »Zwischennetz« »herum«, kann man aber auch sehr schnell feststellen, dass es hier in den meisten Fällen nicht ausschließlich um die Pflege der Sprache geht, sondern letztlich um die Rettung der abendländischen Kultur.

1997 wurde der *Verein Deutsche Sprache* (VDS) gegründet. Dessen erklärtes Ziel ist es, das Deutsche »als große und eigenständige Kultur- und Wissenschaftssprache zu erhalten und vor dem Verdrängen durch das Englische zu schützen«.

Man wendet sich gegen eine Amerikanisierung und Anglisierung des Deutschen (und anderer Landessprachen) und will dem Geltungs- und Imageverlust der europäischen Sprachen und Kulturen sowie dem damit verbundenen Identitätsverlust der Menschen entgegentreten. Die Anglisierung und Amerikanisierung sei in den deutschsprachigen Ländern bereits weit fortgeschritten. Dabei lässt sich angeblich der Einfluss des Englischen nicht mit dem Einfluss des Französischen und Lateinischen in früheren Jahrhunderten vergleichen. Die Bedrohung des Deutschen ist umfassender und die Anglisierung schreitet schneller voran. Dies wird unter anderem auf den Einfluss der Medien sowie die auf

Englisch hin orientierten Wissenschaftssprachen zurückgeführt. Aus den genannten Leitlinien ergibt sich klar, dass sprachliche Fragen mit Fragen nach der kulturellen Hegemonie verquickt werden: Der Verein kritisiert explizit die Ausbreitung des *American Way of Life*. Sprachpflege erscheint so als Ausdruck der Sorge, in einer kulturellen Konkurrenzsituation zu unterliegen – ein Phänomen, das sich in der Geschichte immer wieder beobachten lässt.

In der Auseinandersetzung kommt es zu scharfen Angriffen: Die Einflüsse des Englischen werden als »Sprachkrankheiten«, als »Denglisch und BSE (= Bad Simple / Silly English)« bezeichnet. Als Verantwortliche dafür werden »sprachschwache Werber, aufgeblasene Großsprecher, gedankenlose Schnellschreiber, trendgestylte Szenehaie und denkfaule Bürokraten« ausgemacht. Sie »verbiegen« das Deutsche aus kommerziellem Interesse oder schlichtweg aus Bequemlichkeit. Die Angriffe richten sich gegen die Verwendung von Anglizismen, die als Sprachbarriere verstanden werden und Menschen, die kein Englisch beherrschen, gesellschaftlich ausgrenzen. Einflüsse aus anderen Sprachen – Latein, Griechisch, Französisch – werden allerdings nicht berücksichtigt. Wie stets wird nur der gegenwärtige Verfall einer Sprache beklagt – und der Einfluss der genannten Sprachen liegt weit zurück.

Sprachpolitik

Neben privaten Vereinen und Organisationen gibt es aber auch staatlich geförderte Institutionen und Vereinigungen mit sprachpflegerischen Zielen, wie etwa das Institut für deutsche Sprache (IdS), die Gesellschaft für deutsche Sprache (GfdS), das Goethe-Institut Inter Nationes (GIIN) und die Deutsche Akademie für Sprache und Bildung. Diese vertreten eine andere Sprachpolitik, die differenzierter und weniger puristisch mit aktuellen sprachlichen Entwicklungen umgeht.

Die Gesellschaft für deutsche Sprache hat etwa als Wort des Jahres 2006 *Fanmeile* gewählt, also einen zum Teil englischen Ausdruck, der im Verein Deutsche Sprache wohl kaum auf den ersten Platz gekommen wäre. Die Gesellschaft für deutsche Sprache hat nämlich ein eher sprachwissenschaftliches Selbstverständnis: Sie betrachtet vor allem die Sprachbeschreibung und Sprachanalyse als eines ihrer wichtigsten Aufgabengebiete. Ihr geht es nicht darum, bestimmte sprachliche Entwicklungen und politisch, gesellschaftlich oder ökonomisch begründete Einflüsse des Englischen abzuwehren. Das auf den Seiten der GfdS gebotene Selbstbild liest sich wie folgt:

> Die Gesellschaft für deutsche Sprache (GfdS) ist eine politisch unabhängige Vereinigung zur Pflege und Erforschung der deutschen Sprache. Seit ihrer Gründung im Jahre 1947 sieht sie es als ihre Aufgabe an, in der Öffentlichkeit das Bewusstsein für die deutsche Sprache zu vertiefen und ihre Funktion im globalen Rahmen sichtbar zu machen. Die GfdS hat sich zum Ziel gesetzt, die Sprachentwicklung kritisch zu beobachten und auf der Grundlage wissenschaftlicher Forschung Empfehlungen für den allgemeinen Sprachgebrauch zu geben.

Die Gründe für einen vorsichtigeren Umgang mit sprachlichen Entwicklungen und ihrer Bewertung liegen in einer kritischen Analyse und im bewussten Bezug zur Wissenschaft. Insgesamt grenzt sich die Gesellschaft für deutsche Sprache offiziell vom Allgemeinen Deutschen Sprachverein (ADSV) ab, als dessen Nachfolgeorganisation sie sich betrachtet. Der ADSV fiel durch sprachpuristische, mitunter sogar national-chauvinistische Thesen auf. Bemerkenswert ist, dass die staatlich geförderten Institutionen keine Sprachwertungen vornehmen und sich expliziter Sprachkritik enthalten. Auch von staatlicher Seite wird in Deutschland kein expliziter Einfluss auf die Entwicklung des Deutschen ausgeübt. Der Sprachwissenschaftler Falco Pfalzgraf stellt für die germanistische Sprachwissenschaft in Deutschland bis auf wenige zu vernachlässigende Ausnahmen eine dementsprechende klare Trennung zwischen Sprachwissenschaft und Sprachkritik fest. Die Sprachwissenschaft sieht, so Pfalzgraf, die Beschreibung, nicht die Bewertung der Sprache als ihre zentrale Aufgabe. Darüber hinaus unterstreicht er die sprachpolitische Neutralität der Regierung: »Eine deutsche Regierung, »ganz gleich welcher politischen Couleur, fördert offensichtlich keine puristischen Vereinigungen«. Die Ursachen für diese Haltung könnten also historisch begründet sein, so dass die Ablehnung des Sprachpurismus wie eine Art Vergangenheitsbewältigung erscheint.

Die französische Sprachpolitik und die *Académie française*

Das Verhältnis zwischen Staat und Staatssprache gestaltet sich in Frankreich anders als in Deutschland. Bereits 1635 gründete Kardinal Richelieu die *Académie française*. Statuten und Reglements des Kardinals, die 1637 durch Ludwig XIII. und das Parlament bestimmt wurden, bestätigte eine *Compagnie de lettrés*, deren Aufgabe die Aufsicht über die französische Sprache ist. Die Akademie soll normierend tätig werden, die französische Sprache rein und für jedermann verständlich halten und auch ein Wörterbuch herausgeben. Außerdem vergibt sie jährlich 60 literarische Preise, unter anderem den *Grand Prix de la Francophonie*, und tritt selbst als Mäzen auf.

Am Ende des 20. Jahrhunderts sieht diese Akademie das Französische von der Expansion des (amerikanischen) Englisch bedroht. In der Konsequenz führt dies zu einem Gesetzesbeschluss zum Schutz des Französischen, der in vergleichbarer Form in Deutschland vermutlich nicht gefasst worden wäre. Im Jahr 1994 wird ein Gesetz (*Loi Toubon*) verabschiedet, durch das der Gebrauch des Französischen in Beschriftungen, öffentlichen und vertraglichen Dokumenten, im öffentlichen Dienst, auf Kongressen und in den Medien geregelt und gefördert wird. In diesem Sinne wird knapp zwei Jahre später auch ein ministerielles Dekret verabschiedet, das zur Einrichtung einer neuen *Commission générale de terminologie et de néologie* führt. Sie hat die Aufgabe, auf französische Ausdrücke, die anstelle eines englischen Wortes zu benutzen sind, hinzuweisen beziehungsweise solche Ausdrücke überhaupt erst zu kreieren. Diese Ausdrücke werden dann für französische Behörden verpflichtend. Vorgeschrieben werden etwa *jeu décisif* anstelle von *tie-break*, *baladeur* anstelle von *walkman*, *logiciel* anstelle von *software* usw. Die *Académie française* verfolgt auf diese Weise weiterhin ihre sprachregulierende Aufgabe und gibt notwendigen Entwicklungen eine eigene Form im Sinne des *bon usage*, also des richtigen und guten Sprachgebrauchs. Man stelle sich zum Vergleich die Proteste in Deutschland vor, wenn eine Institution den Gebrauch unliebsamer Wörter verbieten würde.

Nach Ansicht der *Académie française* sind einige der Anglizismen zwar in dem Falle durchaus als Bereicherung zu verstehen, in dem das Französische keinen eigenen Ausdruck besitzt. Andere seien hingegen unnötig, wie beispielsweise die im 19. Jahrhundert aufgekommenen Wörter *snob*, *sportsmen*, *bitter*, *speech* und *goal*. Sie hätten sich auf Dauer auch nicht gehalten, da sie das entsprechende französische Wort nicht verdrängen konnten. Ausdrücke wie *cool* und *speed* aber werden als schädlich bezeichnet, weil aus Bequemlichkeit gar nicht erst nach einem französischen Wort gesucht worden sei. Deshalb müsse die *Académie française* das sprachliche Material sichten und eine Auswahl treffen. Unter anderem tut sie dies in der Terminologiekommission, die auch eine Liste mit Empfehlungen für ein französisches Basisvokabular zum Internet erstellt. Damit hält das Französische auch in diesem Bereich einen eigenen Wortschatz bereit.

Die französische Regierung beziehungsweise der französische Staat nimmt also durch die Akademie aktiv und regulierend auf sprachliche Entwicklungen Einfluss. Daher verwundert es kaum, dass Sprachpuristen gerade Frankreich zum Vorbild erklären und vergleichbare Gesetze und Verordnungen auch für Deutschland einfordern. Die sprachpuristischen Positionen verschiedener Vereine in Deutschland lassen sich zum Teil mit den Wertungen der *Académie française* vergleichen. Dennoch ist ein deutlicher Unterschied auf jeden Fall erkennbar: Der Einfluss des Angloamerikanischen wird von deutschen Sprachpflegevereinen als wesentlich bedrohlicher wahrgenommen als in Frankreich.

Sprachverfall durch Denglisch?

Das Deutsche war seit Anbeginn seiner Entwicklung von zahlreichen europäischen Sprachen beeinflusst, insbesondere von Latein, Griechisch, Französisch und Englisch, aber auch von Keltisch, Italienisch, Spanisch und den slawischen Sprachen.

Lateinische Einflüsse lassen sich bis auf die Römerzeit zurückverfolgen und liegen damit sogar noch vor dem eigentlichen Zeitraum, in dem die deutsche Sprachgeschichte beginnt: Die meisten Wörter aus dem Bereich des Hausbaus (etwa *Keller, Mauer, Fenster, Dach, Ziegel* etc.) sind in dieser Zeit aus dem Lateinischen in den germanischen Wortschatz gelangt und von dort in den deutschen Wortschatz weitervererbt worden. Zur Zeit der Christianisierung (etwa ab dem 5. bis zum 9. Jahrhundert) setzte eine erneute Entlehnungswelle aus dem Lateinischen ein. Im 15./16. Jahrhundert war das Lateinische die Sprache der Humanisten und aller europäischen Gelehrten. Im hohen Mittelalter wurden durch das Rittertum Wörter wie *Abenteuer, Lanze, Tanz* und *Reim* aus dem Französischen entlehnt. Und das Französische wurde abermals bedeutsam durch die Hugenotten im 17./18. Jahrhundert, die zum Beispiel Ausdrücke wie *Boulette* bis nach Berlin brachten. Seit dem 20. Jahrhundert ist Englisch die zentrale Gebersprache. Schon im 19. Jahrhundert wurden allerdings Wörter aus dem Englischen entlehnt, insbesondere durch die Vorreiterrolle Englands bei der Industrialisierung. Seit 1945 kommen politische Gründe für die Übernahme englischer Ausdrücke wie etwa der Ost-West-Konflikt und die Globalisierung mit der Geschäftssprache Englisch hinzu.

Gründe für die Entlehnungen sind häufig außersprachliche Faktoren – kulturelle Neuerungen und Erfindungen bahnen sich zusammen mit ihrem sprachlichen Ausdruck ihren Weg ins Deutsche. Innersprachlich können Veränderungen in der Bedeutung von Wörtern Anlass für Entlehnungen sein. Entwickelte sich im Deutschen der Ausdruck *Frau*, der ursprünglich als Bezeichnung für die höherstehende adlige Frau reserviert war, durch die Veränderung zum allgemeinen Ausdruck für weibliche Personen, wurde die dadurch entstandene Lücke im Wortschatz durch eine Entlehnung aus dem Französischen, *Dame*, gefüllt. Auch Differenzierungen in der Bedeutung können die Ursache dafür sein, dass ein fremdsprachlicher Ausdruck sich etabliert. So führte der Dichter Bertolt Brecht im 20. Jahrhundert das aus dem Englischen entlehnte Wort *Song* ein, das im wesentlichen eine Sonderform des Liedes mit sozialkritischem Inhalt bezeichnen sollte, für die es im Deutschen kein Wort gab. Auch das Wort *Tipp* stammt aus dem Englischen. Dort hat es die Bedeutung ›Anstoß, Andeutung, geheime Information, Wink; Hinweis auf eine Gewinnaussicht‹ (wohl zu dem Verb *to tip* ›leicht berühren, anstoßen‹). Seit dem Ende des 19. Jahrhunderts ist es im Deutschen im Bereich der Börsensprache und des Pferderennsports bezeugt. Mittlerweile hat es die Bedeutungen ›Andeutung, Wink; Hinweis auf gute Gewinnaussichten (bei Sportwetten); Voraussage des wahrscheinlichen Ergebnisses eines Sportwettkampfes (besonders im Fußballtoto)‹. Dieses Wort hat sich damit seit langem im Deutschen etabliert, wohl auch durch die kurze und leicht verständliche Aussprache und Schreibweise.

Die genannten Beispiele werden vermutlich kaum auf Widerstände vonseiten der Sprachpuristen stoßen, sind sie doch zu sehr und zu lange im Deutschen beheimatet. Ähnlich neutral wird wohl die Reaktion auf wörtliche Übersetzungen mehrgliedriger Wörter aus anderen Sprachen, insbesondere dem Englischen, sein. Deren fremder Ursprung wird auf den ersten Blick nämlich oft nicht deutlich. Dies gilt zum Beispiel für Wort-für-Wort-Übersetzungen wie *Froschmann* aus engl. *frogman* oder etwas freiere Übersetzungen wie *Gehirnwäsche* aus engl. *brainwashing* und *Wolkenkratzer* aus engl. *skyscraper*.

Selbst übereifrige Entlehnungen, sogenannte Pseudo-Anglizismen oder Scheinentlehnungen, können überzeugend in die deutsche Sprache integriert werden. Das bekannteste Beispiel ist wohl das *Handy*, das in England als *mobile* und in den USA als *cell phone* bezeichnet wird. Das englische Wort *handy* bezieht sich nicht auf ein Telefon, sondern ist ein Adjektiv mit der Bedeutung ›handlich‹. Dennoch wäre hier aufgrund der gelungenen Verbreitung des Ausdrucks im Deutschen eine sprachpuristische Regulierung und Ersetzung durch *bewegliches Telefon* oder *tragbares Telefon* wenig überzeugend, zumal vermutlich kaum einer der Millionen Handybesitzer in Deutschland ein Problem mit dem Wort *Handy* hat (und inzwischen der Ausdruck sogar umgekehrt Eingang in das Englische und Amerikanische gefunden hat).

Ganz anders sieht es allerdings mit neueren Entlehnungen aus dem Englischen aus, also Anglizismen wie *Event*, *Kids*, *Statement*, *Service Point* (Deutsche Bahn) oder *City-Tarif* (Telekom). Diese Wörter werden von einem Großteil der deutschen Sprecher noch als Fremdlinge empfunden. Sollten sie ihnen auch weiterhin fremd bleiben, werden sie sich langfristig nicht im deutschen Wortschatz etablieren. Dem vermeintlichen Sprachverfall durch Denglisch kann also mit einiger Entspanntheit entgegengeblickt werden.

Insgesamt sind sprachregulierende Verpflichtungen seitens der Sprachpuristen zur Verwendung deutscher Alternativbegriffe auch nicht sonderlich überzeugend. Werden für *Box* als Übersetzungsvorschlag *Schachtel*, *Pferdestand* oder *Montageplatz*, für *Bar* die Ausdrücke *Schanktisch*, *Schankstube*, *Tresen* und für *Diskette* die Entsprechungen *Speicherscheibe* oder *Merkling* vorgeschlagen, dann erübrigt sich die Kritik an den Übersetzungslisten der Sprachpuristen. Nicht alle Eindeutschungsversuche aber sind sinnlos, das zeigen allein schon die heute etablierten Übersetzungen barocker Sprachpuristen (etwa die oben bereits erwähnte *Anschrift* für *Adresse*). Doch heute wie damals entscheidet offenbar nicht der Wille des Sprachpflegers, sondern der Sprachgebrauch, welche Eindeutschungen sich im Wortschatz etablieren können.

Lehnwörter haben also zu allen Zeiten in Abhängigkeit von der jeweiligen Sprache und der kulturellen und soziopolitischen Lage die deutsche Sprache beeinflusst. Sie wurden zur Bedeutungsdifferenzierung und zur Benennung neuer Sachen und Begriffe entlehnt oder trugen zu neuen Formen der Wortbildung bei.

Der Umgang mit Denglisch und Franglais

Die unterschiedlichen Bewertungen der Anglizismen in Frankreich und Deutschland lassen sich durch die aufgezeigten sprachpolitischen Zusammenhänge erklären. Der österreichische Romanist Hugo Kubarth etwa betont, dass Frankreich ehemals Kolonialmacht war und sich eher in Konkurrenz zu England sieht als Deutschland. Französisch und Englisch sind entsprechend Weltsprachen mit vielen Millionen Sprechern in zahlreichen Ländern. Die frankophone und die anglophone Welt tragen kulturelle Rivalitäten und historische Spannungen nunmehr auf der Ebene ihres kulturellen Erbes aus – das betrifft unter anderem die Selbsteinschätzung der globalen Bedeutsamkeit der eigenen Sprache. Da Englisch aber fraglos weltweit die wichtigste Verkehrssprache ist, hat Frankreich eher ein Bedürfnis nach sprachlicher Regulierung und Abgrenzung als England oder die USA, für die die Dominanz der eigenen Sprache eine Selbstverständlichkeit ist.

Deutsch hingegen ist keine Weltsprache, daher werden von offizieller deutscher Seite keine Rivalitäten entwickelt. In Deutschland ist die Situation vor allem vor dem Hintergrund des Nationalsozialismus, des Zweiten Weltkriegs und des Holocaust zu begreifen. Somit werden Intentionen und Denkweisen, die die eigene Kultur und Sprache national oder gar unverhohlen nationalistisch definieren, kaum akzeptiert. Aus diesen Gründen bilden sich keine rein staatlichen, sondern vor allem private Sprachschutzvereine wie der VDS. Seit 1945 ist Deutschland politisch und kulturell gesehen nach Westen beziehungsweise auf die USA hin orientiert. Dies spiegelt sich in der massiven Übernahme von Anglizismen, die wohl auch eine Identifikationsmöglichkeit mit Macht und Bedeutsamkeit des Ursprungslandes des jeweiligen Begriffs bieten.

Dennoch sollte man der sich selbst regulierenden Sprachentwicklung vertrauen: Puristischen Ängsten und Verurteilungen kann man die Sprachgeschichte entgegenhalten, denn Veränderungen innerhalb einer Sprache hat es immer gegeben und wird es immer geben. Besonders aufmerksam sollte man aber sein, wenn die Sprachpflege für politische Ziele instrumentalisiert wird.

Lichtungen

Sprachwissenschaftler haben es auch nicht leichter als andere Wissenschaftler. Für die große Bühne sind detaillierte Fakten, ausführliche Beschreibungen, kurz: redliches Expertenwissen, nicht besonders geeignet. Ausgreifende wissenschaftliche Analysen wirken gegen den Zauber einer knappen Formel wenig glamourös. Genauigkeit macht Arbeit. Deshalb haben auch Sprachwissenschaftler vielleicht keinen geringen Anteil an der Verbreitung von Irrtümern: Zu verführerisch ist die schnelle und nur auf ersten Eindrücken beruhende Erklärung. Darin liegt genau der Reiz der in diesem Buch beschriebenen Irrtümer. Es war eben einfacher zu behaupten, die Eskimos hätten je nach Gusto zwischen 20 und 2000 Wörter für Schnee, als tatsächlich Daten über Eskimosprachen zu sammeln und auszuwerten. Mit der heutigen Technik im Hintergrund ist das viel leichter geworden als früher. Insofern muss man die ältere Sprachwissenschaft in Schutz nehmen: Die technischen Möglichkeiten ließen oft gar nichts anderes zu, als Einsichten nur anhand geringer Datenmengen und Selbstbefragung bzw. Introspektion zu gewinnen. Umgekehrt garantiert allein der Zugriff auf große Datenmengen natürlich nicht schon zwangsläufig fundierte Forschung.

Sprachwissenschaftler haben die Aufgabe, über populäre Vorstellungen hinauszugehen und vorurteilsfrei und nüchtern Erklärungen zu finden. Während Sprachkritiker und -schützer Stimmungen aufnehmen und bedienen, müssen Sprachwissenschaftler ein Phänomen wie beispielsweise die

Anglizismen im Deutschen möglichst differenziert und neutral betrachten. Das Englische hat heute einen wesentlich geringeren Einfluss auf das Deutsche als andere Sprachen zu früheren Zeiten. Und wenn dieser Befund dazu führt, dass diffuse Ängste um den Verlust der eigenen Sprache abgebaut werden, ist schon viel gewonnen.

Viele verbinden mit Sprachwissenschaft die Vorstellung, dass sie Regeln für das richtige und gute Sprechen und Schreiben aufstellt. Das nutzen vereinzelt auch Sprachwissenschaftler, die Bücher wie den *Sprach-Knigge* verfassen oder über eine »Sprachnorm 2000« schreiben. Am Problem der Norm scheiden sich die Geister wohl aber am meisten. Warum kann es nicht gelingen, einfach eine Norm festzusetzen, an die sich alle halten können? Dies gelingt nicht, weil wir Sprache in ganz unterschiedlichen Situationen und mit ganz unterschiedlichen Absichten verwenden. Ein großer Teil der Ratgeberliteratur hingegen tut so, als befänden wir uns ständig im Vorstellungsgespräch oder würden Nachrichten vorlesen: Sie wollen eine Norm festsetzen, wo eigentlich eine Vielzahl von Normen angebracht ist.

Der Sprachwissenschaft wird hin und wieder vorgeworfen, sich zur Frage der Norm gar nicht zu äußern, ja sogar zu einem gewissen Grad normfeindlich zu sein. Sie missachte das Bedürfnis der Sprachgemeinschaft nach Orientierung und überlasse selbsternannten Sprachrettern das Feld. Dabei ist sie allerdings keineswegs so normabstinent, wie man ihr nachsagt: In vielen Sprachratgeberredaktionen sitzen ausgebildete Sprachwissenschaftler. Wörterbücher, Grammatiken und auch manche Sprachratgeber werden letztlich von Sprachwissenschaftlern geschrieben. Sprachwissenschaftler sind also durchaus Sprachkritiker, -ratgeber, -normierer, manchmal sogar in einer Person. Und natürlich werden auch an der Universität in der Ausbildung zukünftiger Sprachlehrer Normen nicht nur vermittelt und reflektiert, sondern Verstöße gegen sie auch sanktioniert. Insbesondere Sprachlehrer müssen lernen, dass in unterschiedlichen Situationen unterschiedliche Normen gelten. Dazu gehört zum Beispiel, dass gesprochene Sprache nicht an den Normen der geschriebenen Sprache gemessen werden kann – und umgekehrt. Wer also Normen verkündet, muss auch sagen, wann sie angemessen anzuwenden sind.

Die Beschäftigung mit Sprache mag nicht immer unterhaltsam, mitunter sogar anstrengend sein – vor allem, wenn man über populäre Allgemeinplätze hinauskommen will. Differenziertheit geht auf Kosten der Attraktivität, aber erst das Wissen ist dem Irrtum sein Tod.

Literatur

Adelung, Johann Christoph: Deutsche Sprachlehre. Zum Gebrauche der Schulen in den Königl. Preuß. Landen. Berlin 1781.

Appelt, Otto (Hrsg.): Platon. Sämtliche Dialoge. Bd. 2: Menon – Kratylos – Phaidon – Phaidros. Hamburg 1988. Nachdr. der Ausg. 1922.

Arnauld, Antoine / Lancelot, Claude: Grammaire générale et raisonnée, contenant les fondements de l'art de parler, expliquéz d'une manière claire et naturelle, les raisons de ce qui est commun à toutes les langues et de leur différences principaleset plusieurs remarques nouvelles sur la langue française. Paris 1660.

Arntz, Reiner: Ausbildung in »Drittsprachen« – ein neuer Ansatz. In: Lebende Sprachen 44 (1999). H. 2. S. 49–53.

Barthes, Roland: Critique et vérité. Paris 1966.

Bauer, Laurie [u.a.]: Language Matters. Basingstoke [u.a.] 2006. [Darin hauptsächlich die Beiträge: »How Many Words do the Eskimos Use?«, S. 72–81; »Is Language a Strait-Jacket?«, S. 231–240.]

Behaghel, Otto: Geschriebenes Deutsch und gesprochenes Deutsch. Festvortrag, gehalten auf der Hauptversammlung des Allgemeinen Deutschen Sprachvereins zu Zittau am 1. April 1899. In: Wissenschaftliche Beihefte zur Zeitschrift des Allgemeinen Deutschen Sprachvereins 17/18 (1900). S. 213–232.

Boas, Franz: Handbook of American Indian Languages. Bd. 1. Oosterhout 1969. Nachdr. der Ausg. von 1911. Hier S. 25–26.

Bohlen, Adolf: Methodik des neusprachlichen Unterrichts. Heidelberg 1953.

Bouhours, Dominique: Les entretiens d'Ariste et d'Eugène. Paris 1671. Hier S. 65 f.

Bürkle, Michael: Zur Aussprache des österreichischen Standarddeutschen. Die unbetonten Silben. Frankfurt a. M. 1995.

Caroll, John B. (Hrsg.): Benjamin Lee Whorf. Language, Thought, and Reality. Selected Writings. With an Introduction. New York 1973. – Dt.: Benjamin Lee Whorf. Sprache, Denken, Wirklichkeit. Beiträge zur Metalinguistik und Sprachphilosophie. Hrsg. und übers. Peter Krausser. Reinbek 2003.

Carrère d'Encausse, Héléne: La langue française, langue de la modernité. URL: http://www.academie-francaise.fr/immortels/discours_spa/carrere_2006.html (26.10.2010).

D'Alembert, Jean le Ront / Diderot, Denis: Encyclopédie, ou dictionnaire raisonné des sciences, des arts et des métiers. Recueil de planches, sur les sciences, les arts libéraux, et les arts méchaniques. Paris 1751.

De Boor, Helmut [u.a.] (Hrsg.): Theodors Siebs. Deutsche Aussprache. Reine und gemäßigte Hochlautung mit Aussprachewörterbuch. 19., umgearb. Aufl. Berlin 1969.

Digeser, Andreas: Franglais in Frankreich und Fremdwörter in Deutschland. In: Neusprachliche Mitteilungen aus Wissenschaft und Praxis 48 (1995). S. 4–7.

Dittmann, Jürgen [u.a.] (Hrsg.): Fehlerfreies und gutes Deutsch. Das zuverlässige Nachschlagewerk zur Klärung sprachlicher Zweifelsfälle. Gütersloh/München 2003.

Drosdowski, Günther (Hrsg.): Duden. Etymologie. Herkunftswörterbuch der deutschen Sprache. Bd. 7. 2. Aufl. Mannheim [u.a.] 2007.

Duden, Konrad / Mangold Max (Hrsg.): Duden. Aussprachewörterbuch. Wörterbuch der deutschen Standardaussprache. Bd. 6. 2., völlig neu bearb. und erw. Aufl. Mannheim 1974.

Ebermeier, Werner: Plädoyer für Latein. In: Mitteilung 25/07 des GMF. Landesverband Bayern (2007). S. 25–35.

Eichhoff, Jürgen (Hrsg.): Wortatlas der deutschen Umgangssprachen. Bd. 1/2. Bern (1977). – Bd. 3. Ebd. 1993. – Bd. 4. Ebd. 2000.

Eisenberg, Peter (Hrsg.): Duden. Richtiges und gutes Deutsch. Wörterbuch der sprachlichen Zweifelsfälle. Bd. 9. 6., vollst. überarb. Aufl. Mannheim [u.a.] 2007.

– / Kunkel-Razum, Kathrin (Red.): Duden. Die Grammatik. Bd. 9. 7., völlig neu erarb. und erw. Aufl. Mannheim [u.a.] 2005. Hier RdNr. 1275.

Elspaß, Stephan / Möller, Robert: Atlas zur deutschen Alltagssprache. 2002 ff. URL: http://www.philhist.uni-augsburg.de/lehrstuehle/germanistik/sprachwissenschaft/ada/ (21.09.2010).

Ezawa, Kennosuke: Die Opposition stimmhafter und stimmloser Verschlusslaute im Deutschen. Tübingen 1972.

Ferguson, Adam: An Essay on the History of Civil Society. Edinburgh 1767. Hier S. 183.

Flitner, Andreas / Giel, Klaus (Hrsg.): Wilhelm von Humboldt. Werke in fünf Bänden. Bd. 4. Darmstadt 1988. Hier S. 27.

Flusser, Vilem: Die Schrift. Hat Schreiben Zukunft? Göttingen 1987. Hier S. 11.

Freytag, Gustav: Die Technik des Dramas. Unveränd. Nachdr. der 13. Aufl. Leipzig 1922. Darmstadt 2005. [Zuerst 1863.]

Fries, Norbert: Ist Deutsch eine schwere Sprache? Am Beispiel des Genus-Systems. In: Die deutsche Sprache in der Gegenwart. Festschrift für Dieter Cherubim zum 60. Geburtstag. Hrsg. von Stefan J. Schierholz. Frankfurt a.M. [u.a.] 2001. S. 131–146.

Frische, Rainer: Von Amharisch bis Vietnamesisch. Informationen über selten gelehrte Sprachen. 2. Aufl. Hürth 1989.

Gardt, Andreas (Hrsg.): Nation und Sprache. Die Diskussion ihres Verhältnisses in Geschichte und Gegenwart. Berlin 2000.

Gauger, Hans Martin: Das Spanische – eine leichte Sprache. In: Europäische Mehrsprachigkeit. Festschrift zum 70. Geburtstag von Mario Wandruszka. Hrsg. von Wolfgang Pöckl. Tübingen 1981. S. 225–248.

Guder, Andreas: »Kann man das überhaupt lernen?«. Zur Vermittlung von Chinesisch als distanter Fremdsprache. In: Lebende Sprachen 50 (2005). H. 2. S. 61–68.

Gumperz, John / Levinson, Stephen (Hrsg.): Rethinking Linguistic Relativity. Cambridge 1996.

Hausmann, Franz Josef: Schulsprachenpolitik in Bayern – auf der Höhe der Zeit? In: Mitteilung 25/05 des GMF. Landesverband Bayern (2007). S. 7–24.

Hickethier, Knut: Film- und Fernsehanalyse. 3. Aufl. Stuttgart 2001. Hier S. 277.

Hildebrand, Jens: film. ratgeber für lehrer. Köln 2001.

Hille, Karl Gustav von: Der Teutsche Palmbaum. Nachdr. der Ausg. Nürnberg 1647. München 1970. Hier S. 17.

Hoberg, Rudolf: Sprechen wir bald alle Denglisch oder Germeng? In: Die deutsche Sprache zur Jahrtausendwende. Sprachkultur oder Sprachverfall? Thema Deutsch. Hrsg. von Karin M. Eichhoff-Cyrus [u.a.]. Bd. 1. Mannheim 2000. S. 303–316.

– (Hrsg.): Deutsch – Englisch – Europäisch. Impulse für eine neue Sprachpolitik. Thema Deutsch. Bd. 3. Mannheim 2002.

Hove, Ingrid: Die Aussprache der Standardsprache in der deutschen Schweiz. Tübingen 2002.

Hufeisen, Britta / Marx, Nicole (Hrsg.): Beim Schwedischlernen sind Englisch und Deutsch ganz hilfsvoll. Untersuchungen zum multiplen Sprachenlernen. Frankfurt a. M. [u.a.] 2004.

Karg, Ina: Erleben und Erzählen. Ein Schulaufsatz im Kreuzverhör. In: Literatur und Sprache – didaktisch 12 (1999). S. 114–147.

– Narratives Schreiben oder Marions Missgeschick. In: Schreibförderung und Schreiberziehung. Eine Einführung für Schule und Hochschule. Hrsg. von Ulf Abraham [u.a.]. Donauwörth 2005. S. 78–88.

Keller, Rudi: Sprachwandel. Von der unsichtbaren Hand in der Sprache. 2., überarb. und erw. Aufl. Tübingen 1994.

– Sprachwandel. Von der unsichtbaren Hand in der Sprache. 2., überarb. und erw. Aufl. Tübingen/Basel 1994. Hier S. 17.

Kettemann, Bernhard: Anglizismen allgemein und konkret: Zahlen und Fakten. In: Eurospeak. Der Einfluss des Englischen auf europäische Sprachen zur Jahrtausendwende. Hrsg. von Rudolf Muhr [u.a.]. 2. Aufl. Wien 2004. S. 55–86.

Kliewer, Heinz-Jürgen [u.a.] (Hrsg.): Lexikon Deutschdidaktik. Bd. 1. Baltmannsweiler 2006. [Darin hauptsächlich die Beiträge: Helmuth Feilke, »Erzählen«, S. 127–129; ders., »Erzählen nach einem Erlebnis«, S. 134; Stefan Schallenberger, »Erzählen/Erzählung«, S. 129–132.]

Kohl, Eva Maria: Geschichtengrammatik. In: Die Grundschulzeitschrift 21 (2007). S. 22–25.

König, Werner: Atlas zur Aussprache des Schriftdeutschen. Bd. 1/2. Ismaning 1989.

– Die Aussprache des Standarddeutschen als Sprachkontaktphänomen. In: Deutsch im Kontakt mit germanischen Sprachen. Hrsg. von Horst Haider Munske. Tübingen (2004). S. 175–202.

– dtv-Atlas Deutsche Sprache. 16., durchges. und korr. Aufl. München 2007.

– Spricht man in Norddeutschland ein besseres Hochdeutsch? In: Waseda Blätter Nr. 15. Tokyo 2008. S. 45–64.

Kraus, Karl: Beim Wort genommen. Bd. 3. 2., unveränd. Aufl. München 1965. Hier S. 235.

Krech, Hans [u.a.] (Hrsg.): Großes Wörterbuch der deutschen Aussprache. Leipzig 1982.

– (Hrsg.): Wörterbuch der deutschen Aussprache. Leipzig 1967.

Kubarth, Hugo: Anglicismes – non merci. Französische Sprachpolitik heute. In: Eurospeak. Der Einfluss des Englischen auf europäische Sprachen zur Jahrtausendwende. Hrsg. von Rudolf Muhr. 2. Aufl. Wien 2004. S. 181–208.

Leisi, Ilse / Leisi, Ernst: Sprach-Knigge oder wie und was soll ich reden? Tübingen 1992.

Leubner, Martin / Saupe, Anja: Erzählungen in Literatur und Medien und ihre Didaktik. Baltmannsweiler 2006.

Littmann, Arnold: Die Problematik der deutschen Hochlautung. In: Deutschunterricht für Ausländer 15 (1965). S. 65–89. Hier S. 80.

Lucy, John: Language Diversity and Thought. Cambridge 1996.

Maiwald, Klaus: Was kann Schule machen? Medienerprobungen mit angehenden DeutschlehrerInnen. Bamberg 2005.

Martin, Laura: »Eskimo Words for Snow. A Case Study in the Genesis and Decay of an Anthropological Example«. In: American Anthropologist 88 (1986). H. 2. S. 418–423.

Matthias, Theodor: Sprachleben und Sprachschäden. Ein Führer durch die

Schwankungen und Schwierigkeiten des deutschen Sprachgebrauchs. Leipzig 1892.

Meier, Heinrich (Hrsg.): Jean-Jacques Rousseau. Diskurs über die Ungleichheit. Kritische Ausgabe des integralen Textes; mit sämtlichen Fragmenten und ergänzenden Materialien nach den Originalausgaben und den Handschriften. 6. Aufl. Paderborn 2008.

Meigret, Louis: Le tretté de la grammęre françoęze. [o.O.] 1550.

Meißner, Franz-Josef: Altsprachlicher Unterricht und Fremdsprachenunterricht. In: Handbuch Fremdsprachenunterricht. Hrsg. von Karl-Richard Bausch [u.a.]. 4., vollst. neu bearb. Aufl. Tübingen/Basel 2003. S. 151–157.

Meschonnic, Henri: De la langue française. Essai sur un clarté obscure. Paris 1997. Hier S. 12.

Milroy, James / Milroy, Lesley: Authority in Language. Investigating Language Prescription and Standardisation. London / New York 1985.

Moser, Hans: Geredete Graphie. Zur Entstehung orthoepischer Normvorstellungen im Frühneuhochdeutschen. In: Zeitschrift für deutsche Philologie 106 (1987). S. 379–399.

Moser, Hugo / Tervooren, Helmut: Des Minnesangs Frühling. Bd. 1. 36., neugest. und erw. Aufl. Stuttgart 1977. Hier S. 21.

Muhr, Rudolf: Anglizismen als Problem der Linguistik und Sprachpflege in Österreich und Deutschland zu Beginn des 21. Jahrhunderts. In: Eurospeak. Der Einfluss des Englischen auf europäische Sprachen zur Jahrtausendwende. Hrsg. von Rudolf Muhr [u.a.]. 2. Aufl. Wien 2004. S. 9–54.

Nowak, Elke: What You have Always Wanted to Know About Snow ... Some Remarks on the Conceptualization of a Notorious Aspect of World View, Experience, and Knowledge. In: Identity and Transformation. / Identité et transformation. Central European perspectives on Canada. / Le Canada vu à partir de l'Europe centrale. Hrsg. von Klaus-Dieter Ertler [u.a.]. Frankfurt a.M. 2000. S. 179–187.

Nunberg, Geoffrey: Snowblind. [o.J.] URL: http://www.ischool.berkeley.edu/~nunberg/snow.html (26.10.2010).

Paul, Hermann / Henne, Helmut: Deutsches Wörterbuch. Bedeutungsgeschichte und Aufbau unseres Wortschatzes. 10., überarb. und erw. Aufl. Tübingen 2002. S. 480.

Pfalzgraf, Falco: Neopurismus in Deutschland nach der Wende. Frankfurt a.M. 2006.

Pfeiffer, Joachim: Romane und Erzählungen im Unterricht. In: Grundzüge der Literaturdidaktik. Hrsg. von Klaus-Michael Bogdal [u.a.]. München 2002. S. 190–202.

Pullum, Geoffrey: The Great Eskimo Vocabulary Hoax and Other Irreverent Essays on the Study of Language. Chicago 1991. Hier S. 164.

Quine, Willard Van Orman: Wort und Gegenstand. Aus dem Engl. übers. von Joachim Schulte. Stuttgart 1980.

Radermacher, Ludwig (Hrsg.): Marcus Fabius Quintilianus. Institutio oratoria. Bd. 2. 4. Aufl. Leipzig 1971. Hier Buch VIII, Kap. 2.

Rivarol, Antoine de: Discours de l'universalité de la langue française. Berlin 1784.

Saussure, Ferdinand de: Grundfragen der allgemeinen Sprachwissenschaft. Hrsg. von Charles Bally. 3. Aufl. Berlin 2001. [Zuerst 1916.]

Schmidt, Wilhelm: Geschichte der deutschen Sprache, 10., verb. und erw. Aufl. Stuttgart 2007.

Schmitt, Christian: Nation und Sprache. Das Französische. In: Nation und Sprache. Die Diskussion ihres Verhältnisses in Geschichte und Gegenwart. Hrsg. von Andreas Gardt. Berlin 2000. S. 673–745.

Schneider, Wolf: Deutsch für Profis. Wege zu gutem Stil. Illustriert von Luis Murschetz. München 2001.

Schröder, Konrad / Macht, Konrad: Wie viele Sprachen für Europa? Fremdsprachenunterricht, Fremdsprachenlernen und europäische Sprachenvielfalt im Urteil von Studierenden des Grundstudiums in Deutschland, Belgien und Finnland. Augsburg 1983.

Schultz-Lorentzen, Christian Wilhelm: Dictionary of the West Greenland Eskimo Language. Kopenhagen 1967.

Schurf, Bernd [u.a.] (Hrsg.): Deutschbuch 5. (Gymnasium Bayern.) Berlin 2003.

Schwab, Johann Christoph: Was ist es, das die Französische Sprache zu einer Universalsprache in Europa gemacht hat? Berlin 1784.

Sick, Bastian: Der Dativ ist dem Genitiv sein Tod. Ein Wegweiser durch den Irrgarten der deutschen Sprache. Köln 2004.

- Der Dativ ist dem Genitiv sein Tod. Folge 2: Neues aus dem Irrgarten der deutschen Sprache. Köln 2005.

- Der Dativ ist dem Genitiv sein Tod. Folge 3: Noch mehr aus dem Irrgarten der deutschen Sprache. Köln 2006.

Siebs, Theodor: Deutsche Bühnenaussprache. 10. Aufl. Bonn 1912. [Zuerst 1898.] Hier S. 66.

Stearns, Mac Donald Jr. / Voge Winfried M.: The Contemporary Pronunciation of Long <ä> in Modern Standard German. A Data-Based, Computer-Assisted Analysis. In: Hamburger Phonetische Beiträge 30 (1979). S. 132–181.

Stickel, Gerhard: Einstellungen zu Anglizismen. In: Festschrift für Siegfried Grosse zum 60. Geburtstag. Hrsg. von Werner Besch [u.a.]. Göppingen 1984. S. 279–307.

Trabold, Annette: Sprachpolitik, Sprachkritik und Öffentlichkeit. Anforderungen an die Sprachfähigkeit des Bürgers. Wiesbaden 1993.

Polenz, Peter von: Altes und Neues zum Streit über das Meißnische Deutsch. In: Sprachnormen: lösbare und unlösbare Probleme. Kontroversen um die neuere deutsche Sprachgeschichte. Hrsg. von P.v.P. [u.a.]. Tübingen 1986. S. 183–202.

– Deutsche Sprachgeschichte vom Spätmittelalter bis zur Gegenwart. Bd. 3: 19. und 20. Jahrhundert. Berlin / New York 1999.

Urbanek, Ferdinand: Gutes Deutsch heute. Vorstöße und Verstöße der deutschen Gegenwartssprache – gemessen an der Sprachnorm 2000. Bielefeld 2002.

Wermke, Matthias (Hrsg.): Duden. Aussprachewörterbuch der deutschen Sprache. Bd. 5. 5., neu bearb. und aktual. Aufl. Mannheim 2003. Hier S. 65.

Wolzogen, Hans von: Über Verrottung und Errettung der deutschen Sprache. Leipzig 1880.

Wustmann Gustav: Allerhand Sprachdummheiten. Kleine deutsche Grammatik des Zweifelhaften, des Falschen und des Hässlichen. Leipzig 1891.

– Allerhand Sprachdummheiten. Kleine deutsche Grammatik des Zweifelhaften, des Falschen und des Hässlichen. 3., verb. und verm. Ausg. Leipzig 1903. Hier S. 10.

Abbildungsnachweise

Abb. 1 Werner König: Eigene Darstellung.
Abb. 2 Nach Werner König: Atlas zur Aussprache des Schriftdeutschen. Bd. 2. Ismaning: Hueber, 1989. S. 319.
Abb. 3 Nach ebd. S. 241.
Abb. 4 Nach ebd. S. 331.
Abb. 5 Nach ebd. S. 233.
Abb. 6 Jürgen Eichhoff (Hrsg.): Wortatlas der deutschen Umgangssprachen. Bd. 1. Bern: Francke, 1977. S. 41. – © 1977 De Gruyter Saur, München.
Sowie Stephan Elspaß / Robert Möller: Atlas zur deutschen Alltagssprache. 2002 ff. URL: http://www.philhist.uni-augsburg.de/lehrstuehle/germanistik/sprachwissenschaft/ada/ (21.09.2010).
Abb. 7 Stephan Elspaß / Robert Möller. Ebd.
Abb. 8 Bernd Schurf [u.a.] (Hrsg.): Deutschbuch 5. (Gymnasium Bayern.) Illustration: Klaus Müller, Berlin. Berlin: Cornelsen, 2003. S. 51. – © Cornelsen Verlag GmbH, Berlin.
Abb. 9 Ebd. S. 52. – © Cornelsen Verlag GmbH, Berlin.
Abb. 10 Nach Jens Hildebrand: film. ratgeber für lehrer. Köln: Aulis Verlag Deubner, 2001. S. 230.
Abb. 11 http://starling.rinet.ru/maps/maps/Eskimo-Aleut.gif (14.09.2010).
Abb. 12 http://ehl.santafe.edu/maps6.htm (14.09.2010).

Der Verlag Philipp Reclam jun. dankt den Rechteinhabern für die Abdruckgenehmigung. In einigen Fällen konnten die Rechteinhaber nicht ermittelt werden. Hier ist der Verlag bereit, nach Anforderung rechtmäßige Ansprüche abzugelten.